乡村振兴视域下
四川省农业要素禀赋结构空间优化研究

罗浩轩　著

四川大学出版社
SICHUAN UNIVERSITY PRESS

图书在版编目（CIP）数据

乡村振兴视域下四川省农业要素禀赋结构空间优化研究 / 罗浩轩著. — 成都：四川大学出版社，2022.10
ISBN 978-7-5690-5669-3

Ⅰ. ①乡… Ⅱ. ①罗… Ⅲ. ①农业经济结构—产业结构优化—研究—四川 Ⅳ. ① F327.71

中国版本图书馆 CIP 数据核字（2022）第 176724 号

书　　名：乡村振兴视域下四川省农业要素禀赋结构空间优化研究
　　　　　Xiangcun Zhenxing Shiyu xia Sichuan Sheng Nongye Yaosu Bingfu Jiegou Kongjian Youhua Yanjiu
著　　者：罗浩轩

选题策划：蒋姗姗
责任编辑：蒋姗姗
责任校对：余　芳
装帧设计：墨创文化
责任印制：王　炜

出版发行：四川大学出版社有限责任公司
　　　　　地址：成都市一环路南一段 24 号（610065）
　　　　　电话：（028）85408311（发行部）、85400276（总编室）
　　　　　电子邮箱：scupress@vip.163.com
　　　　　网址：https://press.scu.edu.cn
印前制作：四川胜翔数码印务设计有限公司
印刷装订：四川煤田地质制图印刷厂

成品尺寸：170 mm×240 mm
印　　张：9.5
字　　数：156 千字

版　　次：2022 年 10 月 第 1 版
印　　次：2022 年 10 月 第 1 次印刷
定　　价：58.00 元

四川大学出版社
微信公众号

序　言

改革开放以来，各类束缚生产要素向城市流动的体制机制逐渐被打破。随着工业化和城镇化快速推进，大量生产要素从农村流向城市，从中西部转向东部，从农业转向非农业。然而，经过四十多年的发展，城乡之间、区域之间、农业与非农业之间的发展出现了严重失衡，造成了乡村发展缺少内生动力、人与自然失衡、城市发展对乡村的辐射带动不强等问题。党的十九大提出"乡村振兴战略"，就是希望从农业、农村、农民和农地四个方面着手，推动城乡要素自由流动，促进城乡要素优化配置，进而激发乡村内生动力，实现乡村振兴。四川省作为重要劳务输出地和全国粮食主产区，农业要素禀赋结构伴随着经济发展在省域空间内发生深刻变化，并对本地乡村发展、区域发展和粮食安全产生了深远影响。如何看待这些变化，评估由这些变化带来的深远影响以及结合乡村振兴战略提出符合四川省省情的对策，无疑是值得探究的课题。

成都理工大学罗浩轩团队撰写的《乡村振兴视域下四川省农业要素禀赋结构空间优化研究》一书以习近平新时代中国特色社会主义思想为指导，综合新经济地理学、新结构经济学、农业经济学等多学科，运用计量经济分析工具，着力回答"农业要素禀赋结构空间演化有什么样的规律""四川省现有的农业要素禀赋结构空间格局是怎样的状况""四川省农业要素禀赋结构空间格局演化将对乡村振兴战略实施带来怎样的机遇和挑战"以及"在乡村振兴战略视域下如何构建能促进四川省农业要素禀赋结构空间格局优化的体制机制和政策体系"四个问题。

本书发现，四川省绝大部分市州的农业生产方式走了一条机械替代人力的发展路径。在由经济集聚效应产生的区域"核心—边缘"结构影响下，各市州之间的农业要素禀赋分化比较明显：成都平原经济区的快速发展使得农业劳动要素禀赋和农地要素禀赋迅速下降，而周边市州则更多地承担起了农业发展功能；通过资本要素持续投入农业来推动农业经济增长越来越困难，但提高农业全要素生产率来实现增长还有很大的空间；四川省各市州之间的农业产出和农业要素禀赋在空间上没有相关性。

为此，本书基于四川省的乡村振兴战略部署，分析四川省优化农业要素禀赋空间布局的基本思路，提出转变政府职能，促使政府从"生产型政府"向"服务型政府"转型；有针对性地对在生产销售不同环节的各市场主体进行市场化培养；深入推进"三权分置"改革，扩大"三块地"改革试点，进一步完善土地产权制度以促进土地规模流转；因城施策，推进以人口城镇化为核心的户籍制度改革；农业农村优先发展机制的建立要事先建立约束机制等促进四川省农业要素禀赋结构空间优化的体制机制和政策建议。

在阅读完本书后，我认为它主要有三个特点。

第一个特点是将新经济地理学的理论框架运用于对四川省农业要素禀赋结构空间变化的分析。以往许多相关文献侧重于运用传统的空间经济学或区域经济学对四川省农业产业发展和布局进行研究，使用新经济地理学理论框架的研究则倾向于对四川省整体经济发展进行评价，专门以农业部门为研究对象的不多见。本书运用新经济地理学的"核心—边缘"结构模型分析四川省农业要素禀赋结构空间变化算是一种有益的尝试，为相关人员和青年学者分析区域农业发展提供了一种思路。

第二个特点是综合运用多种计量方法考察了四川省各市州农业生产要素投入产出绩效。农业生产要素投入产出绩效关乎农业发展方式和动力。本书首先计算了农业增量资本产出率，其次通过构建农业面板随机前沿模型测算了四川省各市州农业投入产出弹性及全要素生产率，最后对四川省各市州农业空间自相关性进行了检验，得出了一些令人信服的结论。

第三个特点是从四川省出台的一系列关于乡村振兴的政策和制度中分析了四川省优化农业要素禀赋空间布局的基本思路。自党的十九大提出"乡村振兴战略"后，从中央到地方都出台了各自的乡村振兴战略规划，与历年的中央一号文件，地方的各类农业发展政策、区域发展战略、空间发展规划共同构成了地方指导和实施乡村振兴战略的政策和制度体系。本书从这些政策和制度中初步明晰了四川省农业要素禀赋结构空间布局的基本思路，可为后来的相关研究提供可资借鉴的参考。

整体而言，四川省的发展水平仍处于由工业化中期向后期迈进阶段，四川省农业要素空间分布在可预见的将来还会持续发生变化。回顾历史是为了更好地昭示未来，四川省农业经济发展还将面临许多新的难题，仍需要学者们苦心孤诣，进行大量研究。期待更多的学者立足于国家战略需求，将前沿分析理论与地方发展政策紧密结合，产出更多推动四川省经济发展的有益成果。

四川大学公共管理学院教授

博士生导师　刘润秋

2021 年 7 月 23 日

目　录

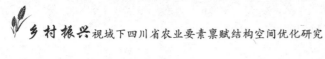

第 1 章

概　论

1.1　研究意义

农业要素禀赋结构是农业生产经营和农村经济活动的客观基础，对农业生产发展、农民收入增长和农村经济繁荣有着至关重要的作用。改革开放以来，各类束缚生产要素流动的体制机制相继被打破，大量生产要素从农村流向城市，从中西部流向东部，从农业流向非农业，我国农业要素禀赋结构发生了深刻变化。

四川省作为重要劳务输出地和全国粮食主产区，农业要素禀赋结构变化尤为剧烈。从全国经济结构来看，四川省地处西部经济欠发达地区，大量生产要素向东中部地区转移，农业要素禀赋结构变迁整体处于弱势地位；从省域内经济结构来看，四川省城乡之间发展极为不平衡，农村外出务工劳动力体量巨大，农业转移人口市民化滞后，土地城镇化倾向比较突出，已经形成了比较严重的农业边缘化、农民老龄化、农村空心化的"新三农"问题，时刻威胁着四川省农业农村发展。

"巧妇难为无米之炊"，现阶段没有农业要素禀赋结构的空间优化，就无法实现党的十九大"乡村振兴战略"伟大部署。为此，乡村振兴战略围绕"产业兴旺"的要求，明确提出了"引导和推动更多的资本、技术、人才等要素向农业农村流动"的方针。中共四川省委第十一届三次全会则进一步把"完善农村产权流转交易市场体系""鼓励和引导城市工商资本下乡、人才下乡、农民工返乡创业"作为"推进乡村振兴重点突破"的举措。可以说，为了解决当下农业要素禀赋结构转变面临的困境，从中央到地方关于乡村振兴战略的部署已经为我们提出了一套系统的关于资本要素、劳动力要素和土地要素的空间优化政策组合。

那么，值得我们探究的问题是，农业要素禀赋结构空间演化有什么样的规律？四川省现有的农业要素禀赋结构空间格局是怎样的状况？四川省农业要素禀赋结构空间格局演化将对对乡村振兴战略实施带来怎样的机遇和挑战？结合乡村振兴战略，四川省又该出台怎样的政策与之衔接，促进农业要素禀赋结构空间格局优化？

1.2　研究现状

国内外学者过去多以传统的空间经济学为理论工具探讨各类要素在城乡之间的变动机制。尽管新经济地理学为解释农业要素禀赋在空间中的演化机制提供了一个很好的分析框架，但自 Krugman（1991a，1991b）开创该理论以来，国内外大部分研究还是集中在工业部门而非农业部门。近几年以来，国内外学者渐渐关注到了经济集聚效应对区域农业生产的重要影响，相关研究逐渐增多。

关于要素空间流动研究。传统空间经济学的"区位理论"对要素空间选择的基本动因进行了阐释（杜能，1826；李嘉图，1821；韦伯，1909）；发展经济学对城乡要素流动的过程和机制进行了理论刻画（佩鲁，1951；缪尔达尔，1957；赫希曼，1958）；新古典经济学者尝试把集聚效应纳入分析框架，说明城乡要素流动的内在机制（Marshall，1920；Hotelling，1929；Harris，1954；Pred，1966），但由于"空间不可能定理"未能建立合理的要素流动模型（Starrett，1978）。Krugman（1991b）将 Dixit-Stiglitz（1977）的垄断竞争框架把空间因素纳入了一般均衡分析，开创了新经济地理学，提出了最经典的"核心—边缘"模型，为城乡要素流动找到了理想的解释。Venables（1996）提出了垂直关联模型，Helpman（1998）对"核心—边缘"模型进行了扩展，很多学者在此基础上进行了更为深入的探讨，包括企业间的投入产出联系和部门间的劳动力流动（Baldwin，1999；Baldwin & Martin，2003；Ottaviano et al.，2006），对流动的熟练劳动和非熟练劳动的代入（Ottaviano，1996，2001；Forslid，1999；Forslid & Ottaviano，2003），不同类型的效用函数改进（Ottaviano et al.，2002；Melitz& Ottaviano，2008），流动企业家模型、流动资本模型等探讨异质性因素的模型（Martin & Rogers，1995；Robert & Nicoud，2002；Baldwin & Okubo，2006）。

关于要素禀赋结构的研究。要素禀赋理论最早可以追溯到亚当·斯密（1776）和大卫·李嘉图（1817），后来赫克歇尔和俄林在此基础上创立了要素禀赋理论。这一理论经过萨缪尔森（1933）的改进，最终形成了 H-O-S 模型。里昂惕夫（1951）对要素禀赋适用性进行了检验，发现了有名的里昂惕夫之谜，后来许多学者在检验中相继提出需求逆转、要素密集度逆转、特定要素等概念，以及斯托尔珀-萨缪尔森定理、罗布津斯基定理等理论。要素禀赋理论受到很多批评，批评者认为诸如规模经济、需求条件该理念都没有考虑，而且该理论以静态分析为主，因此一些理论从不同侧面对该理论进行了补充（Linde，1961；Vernon，1966；Krugman，1998）。

关于经济发展与要素禀赋结构的研究。古典经济学家对经济发展的研究是从要素禀赋入手的。他们普遍把资本要素的积累作为经济发展动力（斯密，1776；李嘉图，1817；马克思，1867）。哈罗德（1948）和多马（1946）根据凯恩斯的理论，提出了一个以资本储蓄率为核心的宏观经济增长模型，即哈罗德-多马模型；Solow（1956）和 Swan（1956）以此为基础提出了著名的索罗-斯旺模型，这一模型在经济增长核算中得到了广泛应用，并发现了技术进步才是经济增长的核心（Abramovitz，1956；Solow，1957；Kuznets，1966）。一些学者沿着这个思路进行研究，把资本划分为物质资本和人力资本，提出了内生增长理论（Romer，1987，1990；Young，1991；Aghion & Howitt，1992；Rodgers，1997），并开启了新一轮对于经济增长动力的研究。

新结构经济学关于要素禀赋结构的研究和应用。林毅夫（2010，2013，

2014）创造性地提出了新结构经济学框架。他认为，经济发展伴随着要素禀赋结构转变，要素禀赋结构决定了最优产业结构，经济发展是产业结构升级也是要素禀赋结构升级，并以此廓清了政府与市场的关系。新结构经济学框架自提出后，受到来自国内外学者的热议（Krug，2011；Rodick，2011；Stiglitz，2011；韦森，2013；杨永华，2013，张军，2013；余永定，2013；张曙光，2013；黄少安等，2013）。学者们纷纷将这一理论框架应用于实证分析（贾根良，2017；姚耀军等，2013，2014；吴晗，2015）。一些发展中国家如波兰、埃塞俄比亚、卢旺达等也在政策中实践这一理论（陈曦，2017）。

关于农业要素禀赋的空间演化研究。传统的空间经济学的"区位理论"概念就是为了解释如何组织农产品生产而发展起来的。发展经济学探讨了城乡要素交换对农业农村"边缘地带"的影响（Peru，1951；Bailey，1969；Parr，1973）及其机制（Barkly et al.，1996；Hamilton et al.，1991；英国环境、食品和农村事务部，2000）。新经济地理学对农业要素禀赋的空间演化关注较少，大部分研究还是集中在工业部门而非农业部门（Gruber & Soci，2010），关于农业要素禀赋的空间演化研究不足，一些研究仅提及了经济要素空间集聚效应为地处"边缘地带"的农业、农村带来发展机遇的功能（Wiggins & Proctor，2001；Bryden & Bollman，2000；Tabuchi & Thisse，2006；Ballas，Kalogeresis & Labriandis，2003）。近几年以来，学者渐渐关注到了农业要素禀赋的空间演化，这些研究包括以行政区划为分析单元的政策研究和农业部门存在的集聚效应对经济增长的影响研究，但都未能系统揭示经济集聚下农业要素禀赋的空间演化机理（Tluczak，2013；Bartova & Konyova，2015）。

我国农业要素禀赋结构的研究，大多仍以传统的空间经济学为工具，沿着新结构经济学框架进行静态分析。一些学者测算了我国区域农业要素禀赋结构状况对区域农业发展差异的影响（辛翔飞，刘晓昀，2007；赵建欣，张忠根，2007；吴玉鸣，2010），或以农业要素禀赋为变量测算了区域农业发展协调度（李永实，2007；魏金义，祁春节，2015；何宜庆等，2016）。这些研究普遍认为区域农业发展差异大，发展不协调问题突出。一些学者从新结构经济学入手，探讨了农业要素禀赋变化与农业技术选择的关系，认为应当根据农业要素禀赋选择合适的农业技术（Li，2013；魏金义，祁春节，2015）。一些学者从要素禀赋视角出发，认为资源禀赋会对要素替代产生影响，进而导致农业生产方式的差异（苏荟，2013；周晶等，2013；应瑞瑶等，2013；吴丽丽，李谷成等，2015）。还有学者从经济聚集效应来考察区域农业要素禀赋变化，但这方面研究较少且集中在通过空间计量等方法评估经济集聚效应对农民收入的影响（陈利等，2015；伍骏骞等，2016；张琛，孔祥智，2017），或者考察农业产业自身的经济集聚现象（王建等，2012；胡悦，2014；杜建军等，2017）。

通过上述文献梳理发现，国内外在要素空间流动规律、要素禀赋结构与经济发展的关系、我国农业要素禀赋结构现状及特征等方面的研究已经取得了丰硕的成果，为本研究奠定了良好的基础，但目前关于农业要素禀赋空间格局的研究，大多仍以传统的空间经济学为工具，沿着新结构经济学框架进行静态分析，这在客观上使相关研究未能将区域经济的基本结构考虑在内；同时，从乡村振兴战略入手探讨农业要素禀赋结构变化的文献并不多见，因此可能无法很好地预估政策供给对农业农村发展的影响。

1.3 研究主要内容

1.3.1 研究对象

本书的研究对象是四川省 21 个市州的农业要素禀赋结构，即四川省各市州农业部门的资本、劳动力、土地等要素构成的动态变化比例，以及农业全要素生产率。农业要素禀赋结构空间优化强调在乡村振兴战略指导下，通过市场机制实现农业要素禀赋结构的空间调整，进而凸显各区域农业比较优势，主导农业经营者的技术选择，最终促进农业产业结构升级。

1.3.2 总体框架

本书一共有 8 章，第 1 章是概论，第 2 章探讨理论基础和分析框架，第 3、4 章运用计量工具分析四川省各市州农业要素禀赋结构空间演化的逻辑、趋势和绩效，第 5、6 章分析演化对乡村振兴战略实施的影响，第 7、8 章提出乡村振兴视域下促进四川省农业要素禀赋结构空间优化的体制机制和政策体系。

第 1 章是本书的概论部分。本章主要阐释课题的研究意义、国内外研究现状、研究主要内容以及技术路线，以引导读者对整个研究有较为清晰的认知。

第 2 章是本书的理论基础和分析框架。本章以习近平新时代中国特色社会主义思想为指导，以乡村振兴战略为视域，以马克思主义关于农业和农民问题理论为依据，对新经济地理学、新结构经济学相关理论及其扩展加以梳理、审视和融合，提出以"市场驱动—要素流动—经济集聚—政策引导"为线索的农业要素禀赋结构空间演化框架。

第 3 章阐释四川省各市州农业要素禀赋结构空间演化的逻辑和趋势。首先，运用计量分析方法，构建区域农业要素禀赋结构演化的理论模型；其次，以农业经济学理论为基础，利用相关统计数据对四川省各市州农业生产方式发展路径进行探析；再次，运用之前构建的理论模型测算 2005—2017 年四川省各市州农业资本深化系数、农业要素禀赋系数以及农业要素结构指数，并结合 ArcGIS 技术绘制若干重要时点的农业劳动、农业资本和农业土地要素禀赋结构空间格局图；最后，对四川省农业要素禀赋结构空间演化的趋势进行总结。

第 4 章是对四川省各市州农业生产要素投入产出的绩效分析。首先，以经典的柯布－道格拉斯生产函数为基础，构建了四川省农业面板随机前沿模型，并进行随机前沿分析（SFA），分析了农业劳动、农业资本和农业土地的投入产出弹性；其次，根据随机前沿分析的结果计算了各市州农业全要素生产率对农业产出增长的贡献；最后，运用空间计量方法对四川省各市州农业产值、劳动力、资本、土地以及全要素生产率进行空间自相关性检验。

第 5 章探讨了四川省农业要素禀赋结构的空间演化为乡村振兴战略实施带来的机遇和挑战。以前两章的研究为基础，辅之以农业生产率要素投入产出效率的绩效分析，探讨农业要素禀赋结构的空间演化为粮食安全保障，构建现代农业产业体系、生产体系和经营体系，新型农业经营主体培育和农村土地节约集约利用带来的机遇和挑战。

第 6 章分析了四川省农业要素禀赋结构空间演化为乡村振兴战略实施带来的四大发展矛盾。农业要素禀赋结构空间演化为乡村振兴战略实施带来了在短时间内难以解决或要进行取舍的发展矛盾。这些矛盾包括城市核心发展与农村边缘化的矛盾、城乡公共服务差异之间的矛盾、城乡要素快速流动与城乡要素交换机制扭曲矛盾以及四川省产销平衡现状与粮食主产区定位矛盾。

第 7 章从乡村振兴视域出发研究了优化四川省农业要素禀赋结构空间布局的体制机制。本章以前一章提出的机遇和挑战为基础，以农业要素禀赋结构空间演化分析和模型为依据，结合四川省乡村振兴战略相关政策，从"政府—市场—主体"三者互动关系入手研究优化四川省农业要素禀赋结构空间布局的体制机制，包括政府层面农业要素禀赋结构空间布局的基本思路、市场层面推动农业要素双向流动的重要举措，以及主体层面如何加快培育农业生产、经营、消费等环节的各类市场主体。

第 8 章提出促进四川省农业要素禀赋结构空间优化的政策体系。本章以乡村振兴为视域，结合四川省农业农村发展具体情况，以改善农民生活水平为落脚点，以优化农业要素禀赋结构空间为目标，从制度基石、约束机制和权力嵌入三个维度，在建立完备的产权制度和推动户籍制度改革、建立农业农村优先发展机制以及推动国家政策落地方面提出具体的政策建议。

1.4 研究技术路线

本书按照"缘起—观测—诊断—响应"的思路，围绕四川省农业要素禀赋结构空间演化的"过去""现在"和"未来"发展这条主线，着力回答"农业要素禀赋结构空间演化有什么样的规律""四川省现有的农业要素禀赋结构空间格局是怎样的状况""四川省农业要素禀赋结构空间格局演化将对对乡村振兴战略实施带来怎样的机遇和挑战"以及"在乡村振兴战略视域下如何构建促进四川省农业要素禀赋结构空间格局优化的政策体系和体制机制"四个问题（见图1-1）。

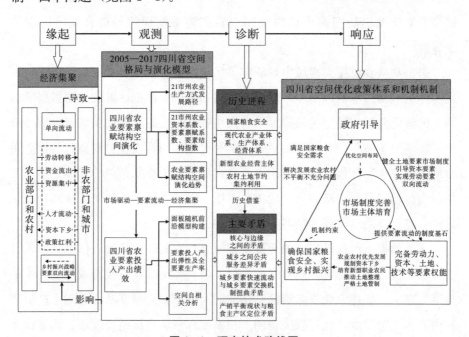

图1-1 研究技术路线图

农业要素禀赋结构空间演化的
理论基础及分析框架

当前我国农业部门仍在持续的转型进程中，并呈现出了与转型之前截然不同的特征。总体来看，我国农业部门基本朝着"规模化、资本化、机械化和市场化"的方向转型①，并且已经初见成效。与此同时，农业要素禀赋结构在空间上也快速演化着。总体来看，农业要素的流动更利于东部地区，但区域间农业要素禀赋出现了固化的趋势。② 乡村振兴战略既要依据这一转型特征和空间演化基本趋势谋篇布局，又要对其进行引导，最终实现"农业农村优先发展"，实现"产业兴旺、生态宜居、乡风文明、治理有效、生活富裕"五大目标。

本章是研究的理论部分，一是要说明研究的理论基础，回答农业要素为什么要在空间中流动以及怎样流动的问题；二是要围绕乡村振兴战略，综合这些理论基础，结合四川省实际，为研究提供一个合理的分析框架。

2.1　农业要素禀赋结构空间演化的理论基础

农业要素禀赋结构空间演化的相关理论基础主要有马克思主义关于农业和农民问题理论、新经济地理学以及新结构经济学这三大理论。

---

① 罗浩轩. 当代中国农业转型"四大争论"的梳理与评述 [J]. 农业经济问题，2018（5）：33—42.

② 罗浩轩. 中国区域农业要素禀赋结构变迁的逻辑和趋势分析 [J]. 中国农村经济，2017（3）：46—59.

2.1.1 马克思主义关于农业和农民问题理论

马克思虽未专门撰写过关于农民问题的文献，但他的著作中仍可以找到关于农民问题的分析和解剖。马克思强调了农业和农民在社会发展中具有重要作用，他提出"农业劳动是其他一切劳动得以独立存在的自然基础和前提"①。在封建社会条件下，农民和农业都是社会稳定的重要组成部分，离开了农业对生活资料的生产，社会将会无法运行。

马克思在对农民阶级的考察中发现，虽然农民阶级具有一定局限性，但革命性仍然存在。农民阶级在受到压迫和剥削后同样会转变为无产者，因此农民阶级是工人阶级天然的同盟军。工人阶级想要实现自我的解放，进而实现全人类的解放，就必须要维护好农民的利益，争取农民的支持。联合农民阶级和城市小资产阶级，建立起民主共和国。而无产阶级在夺取政权之后，提出要出台与农民阶级相关的一系列政策法规，如开荒育土、建立农业产业军等。

而在关于未来农业所有制、经营规模与经济组织形式问题上，马克思认为无产阶级政权一开始就要向土地集体所有制发展，通过合作社等形式，改变生产关系，"从而最终完全消灭工业和农业中的资本主义的生产"，达到"生产资料的全国性集中"，进而实现从集体所有制到国有制的转变的目标。同时，马克思认为，农业中的小土地所有制和生产制会导致土地肥力减弱，收成减少，并且会妨碍现代农业生产方法的广泛传播与应用。所以，马克思更赞同大规模的农业耕种比小块的分散的小农经济优越得多的观点，进而主张要由国家发展规模农业，并由国家组织耕作，理由是这样能够充分利用肥力、现代科学知识和耕作技术，从而使生产力得到更加充分的发展。马克思、恩格斯也根据欧洲先前的经验，主张建立起灵活多样的农业合作社，将合作

---

① 中共中央马克思恩格斯列宁斯大林著作编译局. 马克思恩格斯全集：第33卷 ［M］. 2 版. 北京：人民出版社，2004：27.

生产作为通往共产主义经济体制的过渡环节。新中国成立以后，我国在推动农业发展过程中充分运用了马克思、恩格斯关于农业和农民问题的理论来指导社会主义农业发展。

2.1.2 新经济地理学关于要素禀赋流动的理论

新经济地理学的主要理论有"核心—边缘"理论、城市演化理论和集聚与贸易理论。

首先是"核心—边缘"理论。传统经济学认为，区域间的资源要素空间分布差异是产生区域经济发展差异的主要原因。而新经济地理学则将区域差异的产生归结于本地市场效应的作用，认为随着贸易成本的降低，将形成"核心—边缘"空间经济结构。[①] 克鲁格曼提出的"核心—边缘"理论奠定了整个新经济地理学的基本框架。它运用离心力和向心力的概念来解释报酬递增、要素流动、运输成本之间相互影响的复杂关系。根据该理论，这三者会相互作用，促使地区产业和区域经济转变。当运输成本低、产品差异性大、市场规模大时，城市所产生的离心力就会被消除，区域经济就会转变成为"核心—边缘"模式，即制造产业会集聚在一个中心地区。"核心—边缘"理论对本研究探究四川省农业要素的空间流动聚集有重要理论指导意义，对如何在"核心—边缘"模式形成的过程之中进行政策引导，通过四川省农业要素禀赋空间流动促进农业经济发展有指导作用。

其次是城市演化理论。克鲁格曼所构建的城市发展过程研究框架和城市等级规模模型，展示了人口迁移和增长是如何改变城市规模和数量的。而克鲁格曼的多中心城市空间自组织模型，阐述了大范围的经济空间运行机制。克鲁格曼认为随着城市化的快速推进和人口的不断增长，广大的农村地区将转变成一个个的中小城市，最终因为工农业运输成本的下降，以超级大都市

---

① 何雄浪，胡运禄，杨林. 市场规模、要素禀赋与中国区域经济非均衡发展 [J]. 财贸研究，2013 (1)：40—48.

为核心的大都市群将成为城市发展的终点。我国正处于快速城镇化的进程中，特别是中西部城镇化率较低的地区，正处在城市化加速发展阶段。农村和城市之间快速的要素流动既为农业发展带来了机遇，也带来了一系列挑战。城市演化理论为本研究认知当前四川省乃至全国城乡之间要素禀赋发展趋势提供了理论支撑。

最后是集聚与贸易理论。新经济地理学关注的重点是产业的集聚，切入点是产业关联、要素流动与运输成本。如果能充分发挥出产业的"前向关联"与"后向关联"效应，那么就可以让产业集中在有限的几个区域内。规模化是我国农业的发展趋向，农业产业聚集不可避免。因此，该理论有助于本研究就如何通过优化区域内要素禀赋结构空间格局形成规模化的农业产业提出对策。

2.1.3　新结构经济学关于要素禀赋结构升级的理论

新结构经济学提出了一种新古典主义的方法来研究经济结构的决定因素和动态发展过程。它认为一个经济体的经济结构内生于它的要素禀赋结构，持续的经济发展是由要素禀赋结构的变化和持续的技术创新推动的。一个国家的要素禀赋结构虽然在特定的时候是固定的，但随着时间推移会发生改变。这决定了这个国家的最优产业将随着要素禀赋结构的变化而改变。但这个"最优产业"不会自动出现，国家必须主动推动要素禀赋结构升级，并引进先进技术，进而实现产业升级。从发展趋势来看，要素禀赋结构要从劳动力和自然资源为主导的结构升级为资本为主导的结构，同时还需要完善相应的基础设施以便要素顺畅流动。从升级方法来看，新结构经济学认为，一国要素禀赋结构升级的最佳方法是在任一特定时刻根据它当时给定的要素禀赋结构所决定的比较优势发展相应的产业。这一时期，经济将最富竞争力，经济剩余将最大，资本积累和要素禀赋结构的升级也将是最快的。为了让一国的私营企业进入该国具有比较优势的产业，要素的价格必须充分反映这些要素的稀缺程度，同时这些要素的价格只能在运行良好的市场上通过竞争来决定。因此，市场应该成为经济的基础性制度。①

　　基于以上结论，我们认为"市场驱动"是农业要素禀赋结构空间演变框架的线索起点，是市场的导向和调节作用促使农业各要素在各区域间流动，并在集聚效应的作用下越来越集中，特别是在当今，中国农业正在向"规模化、资本化、机械化和市场化"的方向转型，政府也在促进农业从分散化、破碎化经营模式向规模化的家庭农场经营模式转化。

2.2　农业要素禀赋结构空间演化的分析框架

　　要想加快推进农村农业现代化发展，整合城乡关系，实现一体化，就要把重点放在农业农村领域，从乡村内部激发农业发展活力。需要指出的是，农业部门中的各类生产要素在快速现代化进程中并非静止的，而是流动的。农业自身也应在急剧变化的要素禀赋结构中找到发展路径。当前，我国农业劳动力不断转移，工商业资本大规模下乡，农村土地产权制度改革持续推进，使得农业朝着"规模化、资本化、机械化和市场化"的方向转型。

2.2.1　"市场驱动—要素流动—经济集聚—政策引导"的分析框架

　　农业要素流动促进经济转型，也改变着农业要素禀赋结构。农业要素禀赋结构是分析农业经济发展的重要依据和农业经济增长的起点，也影响着未来农业的发展方向和技术选择。劳动力、土地、资本和科学技术是农业的主要生产要素，它们以市场价格为信号，在空间中不断流动以寻找到最能实现

---

① 林毅夫. 新结构经济学：反思经济发展与政策的理论框架 [M]. 北京：北京大学出版社，2014：4.

自身价值的方式，并在空间中表现为经济集聚现象。在这个逻辑基础上，优化农业劳动力、土地和资本的结构组合和空间分布，对于提高区域农业增长速度和质量，以及转变农业生产方式、发展现代农业具有重要意义。因此，本研究关于农业要素禀赋结构空间演化的分析框架可以概括为"市场驱动—要素流动—经济集聚—政策引导"的发展模型。

　　一个国家或地区在某一时间点上的要素禀赋特征是给定的，但随着经济的发展，我国的农业要素禀赋结构也发生了变化。在现实世界中，农业生产要素的空间分布是不均衡的，我国各地区农业要素分布也呈现出区域特质，例如，东部地区资本要素数量大且集中，东北地区土地要素丰裕，中部和西部地区农业劳动力要素丰富。这些要素可分为区域性要素和非区域性要素①，如土地区域性较强、流动性较弱，其时空位置的改变难以实现；而资金有着跨时间跨地域进行交易的特点，流动成本较低；尽管农村劳动力流动会受到一定政策和迁移成本的影响，但总体流动性远大于土地的流动性。这种要素间流动性的差异也会影响要素禀赋结构的变化。土地作为区域性要素，在很大程度上限制着农业的进一步发展，而资本、劳动力等非区域性要素可以在空间区域中流动，渗入区域性要素，对促进现代农业的发展起着关键作用。随着我国农村金融市场和农村劳动力市场的不断完善和发展，农业资本和劳动力都会在追求利益最大化的推动下逐渐向经济更发达、更具潜力的地区流动，这使得土地要素与资本、劳动力要素在各区域间的差异进一步扩大。

　　区域间生产要素的空间分布存在差异，也是区域之间经济发展差异形成的主要原因。新经济地理学将这种区域差异的形成归因于市场的作用。由于生产要素价格在区域间存在差异，为了获得更高的回报以实现自身价值的最大化，生产要素将在区域间流动。我国经济发展长期呈现农业与工业、农村与城市对立的二元经济结构，由于要素本身存在着一定的趋利性，劳动力、资本等要素总是不断向经济发展水平较高的地区和非农部门流动，使得农业

　　① 郝大江. 区域经济增长的空间回归——基于区域性要素禀赋的视角［J］. 经济评论，2009（2）：127—132.

生产要素整体处于不断流出的状态。农业生产要素的流出本身是经济发展的普遍现象，但由于我国长期向城市和工业部门倾斜的政策，使农村自身要素市场发展缓慢且存在一定要素配置扭曲。具体而言，农地产权不明晰、户籍制度约束资本进入农业受限，以致资本、劳动力、土地等要素的市场发育整体受阻，农业要素配置出现扭曲。事实上，农业各要素市场之间发育也是不平衡的，土地市场化程度较低，资本、劳动力的市场化程度明显高于土地的市场化程度。

各生产要素的相对价格的变化是要素禀赋结构产生变化的原因之一。由于生产要素供需存在一定的波动，当一种生产要素需求相对提高时，要素的相对价格就会随之发生改变，进而使生产者在有限的预算条件下改变其要素投入的比例。科学技术和机械现代化的发展为要素替代提供了可能。例如，目前土地价格和劳动力价格相对较高，资本替代土地的土地节约型技术和资本替代劳动力的劳动力节约型技术被广泛应用，响应了农业要素需求的不均衡性。因此，运行良好的市场环境对要素充分流动意义重大，它能正确反映生产要素稀缺程度，为生产者做出合理要素配置决策提供重要参考，并最终反映在对经济效益起关键作用的要素配置效率上。基于以上的分析，我们认为市场驱动是农业要素禀赋结构空间演化的起点，农业要素流动是市场驱动的结果，而经济集聚后形成的"核心—边缘"结构则是农业要素流动在空间上的呈现。

要素的流动变化都是市场导向作用的结果，根据克鲁格曼的"核心—边缘"模型，为了进入优势产业领域，形成规模经济和降低成本，任何区域的要素都有向大市场移动靠近的趋势，因此资本和劳动力要素也会向市场效应更明显的地区流动。中国作为一个经济大国，存在着多个"核心—边缘"区域。在全国范围内，东部地区位于沿海经济带，属于我国经济发展的核心地区，而中西部经济发展落后于东部，处于边缘区，这使得资本和劳动力要素的流动呈现出由中西部向东部流动的总体趋势。而在一个区域内，由于城乡发展存在差异，城市处于市场效应更好的核心地区，农村处于边缘区，要素总体上由农村流向城市。无论东部、中部、西部还是城乡之间，都是经济发达地区的市场效应更好，对要素的吸引力更大，要素的流动更有利于经济发达地区。

在经济集聚效应的影响下，空间上集中形成的经济优势会对各种产业和经济活动产生吸引力，促使它们向一个或几个中心点聚集，进而形成"核心—边缘"结构。根据克鲁格曼的理论，农业部门在这一结构之中处于边缘区。但随着边缘区农业劳动力减少，农业土地具有了规模化的可能；而核心地区在经济集聚到一定程度后往往会出现指向边缘区的溢出效应（特别是资本要素的溢出），这就为农业现代化提供了条件。因此，理论上来说，经济越发达的地区经济集聚效应越强，"核心—边缘"结构形成得越快，农业要素禀赋结构升级速度也会更快，农业规模化和农业现代化水平也将更高。这一点在对全国的实证分析中也得到证实。无论是区域间还是区域内，农业要素流动总体上是有利于东部地区的。①

2.2.2 四川省农业要素禀赋空间结构演化的基本特点

四川地处西南内陆，地域较广阔，土地面积位于全国第 5 位。四川地形西高东低，东部以盆地和丘陵为主，西部以高原、山地为主，中部有成都平原。农业人口超过全省户籍人口半数，但第一产业增加值仅占全省的地区生产总值 10% 左右，城镇化率滞后、城乡二元结构较为明显。四川农业受地形和气候条件影响较大，各地区的农业发展类型与模式差异较大，有成都平原农业区、川西高原牧区、川东部低山丘陵农业区、川西南林区等几种土地利用类型和发展方向。由于四川各经济区的经济发展情况也存在着明显差异，农业要素总体上是由欠发达地区流向几大经济区的核心地区，由高原、丘陵等地区流向成都平原及周边地区，整体呈现以下特点：

一是农业劳动力要素禀赋在核心地区减少，周边地区上升。其主要受技术投入和农业机械化的影响，经济较发达地区，如作为省域内的"核心地

---

① 罗浩轩. 中国区域农业要素禀赋结构变迁的逻辑和趋势分析［J］. 中国农村经济，2017（3）：46—59.

区"的成都平原及发展较好的川南经济区和钒钛之都攀枝花市的农业劳动力要素禀赋近几年都呈下降趋势；而川东经济区农业劳动力要素则向川东部边缘区新的经济中心广安市、达州市聚集；地处四川西部的三州地区（凉山彝族自治州、阿坝藏族羌族自治州、甘孜藏族自治州）农业劳动力要素禀赋提高也较为明显。

二是农业资本要素禀赋呈现核心地区上升，周边地区下降态势。尽管各市州农业资本深化程度和投入都有大幅提高，但就其空间分布来看，经济发展优势明显的成都平原上升幅度更大，日渐增长的农业投资使当地农业资本深化；川东北的达州市、广安市，川东南的内江市、自贡市，以及川西的凉山州、阿坝州都存在资本吸引力不足的问题，农业资本要素禀赋都有不同幅度的下降。

三是农业土地要素禀赋呈现核心地区减少，周边地区上升态势。随着以技术和化肥投入为主的土地节约型农业的发展，核心地区的土地要素禀赋与经济发展水平呈现较强的负相关关系，成都平原经济区的各市州无一例外地出现了不同程度的下降。

在市场效应的大背景下，农业各要素在各区域间不断流动，并在集聚效应的作用下越来越集中。特别是在当今中国农业向"规模化、资本化、机械化、市场化"转型的阶段中，相关的政策也在推动农业走向规模化经营，促进家庭农场经营模式的发展，农业方面的巨大变化使得相关的各种农业生产要素也开始发生变化。土地等区域性要素受影响较小，而劳动力、资本等非区域性要素受影响较大，根据克鲁格曼的"核心—边缘"发展模型，市场效应是推动资本、厂商、劳动力、消费者不断由欠发达地区向发达地区集聚的根本动力，这一动力也在不断循环积累中得到进一步巩固和增强。

市场条件下，农业要素的流动以及所带来的经济集聚，对乡村振兴战略指引农业转型发展影响巨大。政府应该充分地发挥相关职能，做好制度保障和政策引导工作，尊重农业主体，切实保护好农民的权益。政策工作可以从两个方面入手：一是利用好要素流动带来的红利，二是防止要素流动过于集中造成地区发展极不均衡的现象。市场条件下农业要素会不断地向经济发达地区、潜力较大地区流动，要充分利用地区对各种生产要素的吸引力，发展好优势产业，扩大整合规模经营。同时也要为农村地区的农业发展创造良好环境，避免要素分布不均，影响空间优化的实施。做好农村基础领域设施建设也是农村农业发展的重要环节，可为调整改善农业要素禀赋结构创造良好条件和提供物质基础。此外，还应加大对农村地区的金融支持，提供相应的金融政策来吸引资本，并加强对农村地区资金、技术的投入。要培育农业主体的自我发展能力，激发农业生产活力，切实促进乡村振兴和农业转型，发展好"规模化、资本化、机械化和市场化"的现代农业。

第3章

四川省各市州农业要素禀赋结构空间演化的逻辑及趋势

现实世界中生产要素的空间分布是不均衡的。对要素禀赋概念的运用，实质上是将空间维度纳入经济分析之中。经济发展总是伴随着生产要素的大规模流动，从而改变区域要素禀赋结构。正如皮埃尔·菲得普·库姆斯等[①]把工业化称作区域现象而不是国家现象一样，四川省作为重要劳务输出地和全国粮食主产区，要素禀赋结构变化尤为剧烈。从全国经济结构来看，四川省地处我国西部经济欠发达地区，大量生产要素向东中部地区转移，农业要素禀赋结构空间演化整体处于弱势地位；从省域内经济结构来看，四川省城乡之间发展极为不平衡、农村外出务工劳动力体量巨大、农业转移人口市民化滞后、土地城镇化倾向比较突出，已经形成了比较严重的农业边缘化、农民老龄化、农村空心化的"新三农"问题，时刻威胁着四川省农业农村发展。因此，本章首先构建区域农业要素禀赋结构空间演化的理论模型，并运用这一理论模型对四川省 21 市州农业要素禀赋结构空间演化趋势进行实证分析，最后探讨这一演化的基本趋势。

3.1 区域农业要素禀赋结构空间演化的理论模型

郝大江将要素分为区域性要素和非区域性要素：区域性要素具有非流动性、不可复制、不可替代和动态性的特征；非区域性要素是可流动的要素，

---

① 库姆斯，迈耶，蒂斯. 经济地理学：区域和国家一体化［M］. 北京：人民大学出版社，2011：2.

它可以沉淀到区域性要素中。① 一些研究表明，农业发展在很大程度上受到土地等区域性要素的制约，但资本、劳动力等非区域性要素却对区域农业现代化发挥着关键作用。②

不过，传统的区位理论在讨论经济活动的要素流动规律时，要么前置区域差异，要么加入市场力这个外生因素，使相关分析难以有严谨的数学表达。新经济地理学（也称"空间经济学"）模型则把主流经济学界长期忽视的空间维度纳入一般均衡分析框架，研究经济活动的空间分布规律。其开创者克鲁格曼③在 D-S 模型（Dixit & Stiglitz，1977）的基础上，提出了他最具代表性的"核心—边缘"模型（CP 模型）。该模型假设世界经济中存在以规模报酬不变的生产方式生产同质产品的农业部门（或农产品）和以规模报酬递增的生产方式生产差异化产品的工业部门（或工业品）。同时，该模型还假设资源禀赋、生产技术（以生产函数表示）和消费者偏好都相同的两个区域的贸易成本遵循"冰山运输成本"理论；该模型的内在动力是厂商和劳动者（消费者）的区位选择行为（即"本地市场效应"）④。初始状态下，两个区域的要素禀赋是对称均衡的，而一旦某个偶然事件破坏了这种均衡，厂商和劳动者（消费者）就会发生区际转移，并且这种趋势还会不断累积（即"循环累积因果效应"），最终形成"核心—边缘"的经济空间分布。"核心—边缘"模型对区域间或城乡之间经济非均衡发展的过程有较强解释力（陆铭，2016）。⑤ 不过，许多学者在运用该模型时往往以工业企业或城镇为研究对象，探究农业农村究竟会发生怎样变化的研究不多。

① 郝大江. 区域经济增长的空间回归——基于区域性要素禀赋的视角［J］. 经济评论，2009（2）：127—132.

② 应瑞瑶，郑旭媛. 资源禀赋、要素替代与农业生产经营方式转型——以苏、浙粮食生产为例［J］. 农业经济问题，2013（12）：15—24+110.

③ Krugman P. Increasing Returns and Economic Geography［J］. Journal of Political Economy，1991，99（3）：483—499.

④ 由于规模经济和运输成本的存在，任何厂商都有动力向大市场靠近，以充分利用规模经济和节省运输成本；劳动者（消费者）也想迁入大市场区，因为那里消费品的实际价格较低，他们可以获得较高的实际工资。

⑤ 陆铭. 大国大城——当代中国的统一、发展与平衡［M］. 上海：上海人民出版社，2016：33—63.

农业要素禀赋分布主要是指农业劳动力、农业资本和农用地的分布，它们的变化率直接关系到要素禀赋结构的变化趋势。因此，沿着"核心—边缘"模型的内在逻辑，本书对关涉区域农业要素禀赋结构空间演化的各类变量进行定义：将四川省各市州记为 i 个区域，$i=1$，2，3，4，…，21；t 为时期，$t=0$ 为初始时期；农业劳动力数量、农业资本存量和农用地面积分别用 $L(t)$、$K(t)$ 和 $T(t)$ 表示；初始时期，各市州的农业劳动力数量、农业资本存量和农用地面积占全省的份额分别为 θ_i、δ_i、η_i，$\sum\limits_{i=1}^{4}\theta_i\leqslant 1$ 且 $\theta_i\in(0，1)$，$\sum\limits_{i=1}^{4}\delta_i\leqslant 1$ 且 $\delta_i\in(0，1)$，$\sum\limits_{i=1}^{4}\eta_i\leqslant 1$ 且 $\eta_i\in(0，1)$。由于农业劳动力转移可分为区域内转移和区域间转移，假设农业劳动力在区域内转移速率为 λ_i，农业劳动力在区域间转移速率为 σ_i；资本增长过于复杂，统一设农业资本投入增长速率为 μ_i；土地要素无法在区域间流动，设农用地面积变化率为 τ_i。

国内运用各类方法对区域要素禀赋进行测算的文献很多，这些方法主要有强调资本和劳动力比例的资本深化系数[1][2]、衡量区域要素丰裕度的资源禀赋系数[3]和反映要素间比例关系的要素结构指数[4][5]。不过，过去的研究多侧重于测算方法的直接运用，而没有阐释这些方法的内在逻辑；多只运用某一种方法进行测算，而没有对这些有着内在联系的方法进行比较。

---

[1] 王美艳. 农民工还能返回农业吗？——来自全国农产品成本收益调查数据的分析 [J]. 中国农村观察，2011（1）：20−31+96.

[2] 曾福生，李飞. 农业基础设施对粮食生产的成本节约效应估算——基于似无相关回归方法 [J]. 中国农村经济，2015（6）：4−12+22.

[3] 赵丙奇，李玉举. 30个省市经济增长的资源禀赋状况研究 [J]. 财经科学，2006（2）：99−106.

[4] 赵建欣，张忠根. 要素投入结构变化对中国农业增长影响的实证研究 [J]. 技术经济，2007（7）：69−73+128.

[5] 魏金义，祁春节. 中国农业要素禀赋结构的时空异质性分析 [J]. 中国人口·资源与环境，2015（7）：97−104.

3.1.1 资本深化系数

资本深化系数来源于徐朝阳、林毅夫对要素禀赋结构内涵的界定。[①] 他们认为,要素禀赋结构是指经济发展所需的各种生产要素数量的相对比例关系。资本和劳动力是最重要的两种生产要素。所谓要素禀赋结构升级,就是资本相对于劳动力越来越丰富,或者说资本深化的过程。沿用前述对变量的定义,$L(0)$、$K(0)$ 和 $T(0)$ 分别为初始的四川省各市州农业劳动力数量、农业资本存量和农用地面积,可以得到初始状态下区域 i 的资本深化系数 π_i:

$$\pi_i = \frac{\delta_i \times K(0)}{\theta_i \times L(0)} \tag{3-1}$$

从 (3-1) 式可以看出,资本深化系数实质上反映了区域 i 的劳均资本存量。区域 i 农业劳动力初始量为:$L_i(0) = \theta_i \times L(0)$,这一区域农业劳动力的变化率为:$-(\lambda_i + \sigma_i)$。因此,$t$ 时期的农业劳动力数量可表示为:$L_i(t) = e^{-(\lambda_i + \sigma_i)t} \times \theta_i \times L(0)$。同理,区域 i 农业资本存量的初始量为:$K_i(0) = \delta_i \times K(0)$;$t$ 时期的农业资本存量可表示为:$K_i(t) = e^{\mu_i t} \times \delta_i \times K(0)$。区域 i 农用地面积的初始量为:$T_i(0) = \eta_i \times T(0)$;$t$ 时期的农用地面积可表示为:$T_i(t) = e^{\tau_i t} \times \eta_i \times T(0)$。经整理,最终农业资本深化系数可表示为:

$$\pi_i(t) = e^{(\mu_i + \lambda_i + \sigma_i)t} \times \frac{\delta_i \times K(0)}{\theta_i \times L(0)} \tag{3-2}$$

从 (3-2) 可以看到,$\pi_i(t)$ 的增长率是 $\mu_i + \lambda_i + \sigma_i$。这一结果表明,农业要素禀赋结构升级速度 [$\pi_i(t)$ 的增长率] 与农业资本投入增长速率 μ_i、区内区外农业劳动力转移速率 $(\lambda_i + \sigma_i)$ 呈正相关。就这个角度而言,伴随着经济的迅猛发展和农业劳动力的大量转移,中国各区域的农业要素禀赋结构都在不断升级。

---

① 徐朝阳,林毅夫. 发展战略与经济增长 [J]. 中国社会科学,2010 (3):94-108+222.

需要指出的是，农业固定资本存量是狭义的物质存量，不包括人力资本和土地。其基本估计方法采用的是永续存盘法，本节采取了 Hall 和 Jones 的研究①，将折旧率设定为 6%，I_t 为当期的农业固定资本投资额，本书以1999 年的价格指数为基期进行了平减。对于基期资本存量问题，本书依然采用了 Hall 和 Jones 的算法，即

$$K_{2005} = \frac{I_{2005}}{(6\% + g_t)} \tag{3-3}$$

（3-3）式中的 g_t 为 2005—2017 年四川省农林牧渔业增加值几何平均增长率 8.47%。

资本深化系数只涉及资本和劳动力两个变量，简单易行且有针对性。资本深化是农业现代化的必要条件②，因而该系数可以较好地体现农业现代化发展水平。不过，对于农业部门，不能不考虑土地要素，资本深化系数把要素禀赋结构升级等同于资本深化的假设，无法勾勒出农业要素禀赋结构变化的整体面貌。而且该系数是有量纲的，并不利于比较研究。

3.1.2　资源禀赋系数

资源禀赋系数是国际上常用来衡量一个国家或地区某种资源丰裕度的指标。它是用样本地区某种生产要素占全国该生产要素总量的比重，除以该地区生产总值占全省地区生产总值的比重，得到一个无量纲的数值。其计算公式为：

$$EF_{ij} = (\frac{e_{ij}}{E_j})/(\frac{y_i}{Y}) \tag{3-4}$$

（3-4）式中，e_{ij} 表示 i 区域 j 类生产要素资源量，E_j 表示全省 j 类生产要素资源总量，y_i 表示 i 区域地区生产总值，Y 表示全省地区生产总值，

① Hall R，Jones C. Why Do Some Countries Produce So Much More Output than Others [J]. Quarterly Journal of Economics，114（1），1999：83-116.
② 罗浩轩. 中国农业资本深化对农业经济影响的实证研究 [J]. 农业经济问题，2013（9）：4-14+110.

EF_{ij}表示i区域j类生产要素的资源禀赋系数。在农业领域，劳动力（L）、资本（K）和土地（T）是最基本的生产要素，即$j \in \{L, K, T\}$。本书用农业增加值替代（3-4）式中的地区生产总值和全省地区生产总值，即用y_i表示i区域农业增加值，用Y表示全省农业增加值。因此，劳动力、资本和土地的初始资源禀赋系数为：

$$EF_{L(0)_i} = \theta_i / \frac{y_i}{Y} \tag{3-5}$$

$$EF_{K(0)_i} = \delta_i / \frac{y_i}{Y} \tag{3-6}$$

$$EF_{T(0)_i} = \eta_i / \frac{y_i}{Y} \tag{3-7}$$

同时，假设全省农业增加值Y的增长率为g，区域农业增加值y_i的增长率为g_i，经过整理后，劳动力、资本和土地随时间变化的资源禀赋系数为：

$$EF_{L(t)_i} = e^{[g-g_i-(\lambda_i+\sigma_i)]t} \times \theta_i / \frac{y_i}{Y} \tag{3-8}$$

$$EF_{K(t)_i} = e^{(g-g_i+\mu_i)t} \times \delta_i / \frac{y_i}{Y} \tag{3-9}$$

$$EF_{T(t)_i} = e^{(g-g_i+\tau_i)t} \times \eta_i / \frac{y_i}{Y} \tag{3-10}$$

从（3-5）～（3-10）式可以发现，资源禀赋系数主要反映了区域i某种生产要素在全省的占比是否与该区域农业增加值在全省所占比例相符。区域i的某种生产要素的资源禀赋系数值大于1，表明该区域该生产要素就全省而言相对丰富，反之则相对稀缺。资源禀赋系数的一大特点是，在要素全省分布情况一定的情况下，区域i农业增加值占全省的份额越小，该区域资源禀赋系数越大；区域i农业增长率与全省农业增长率的差距越大，该区域资源禀赋系数增长得越快。事实上，现代化的特征之一，就是农业在国民经济中的比重不断下降。资源禀赋系数模型将区域经济发展水平纳入农业要素禀赋分析之中，体现了要素禀赋与区域经济发展之间的互动关系。此外，这一指标还实现了数据的无量纲化，有利于研究结果之间的比较。然而，这一模型依然存在缺陷，即它仅仅考察了单一生产要素的丰裕度，未能反映不同要素禀赋之间的关系。

3.1.3　要素结构指数

由于资源禀赋系数存在局限，许多文献都在该系数的基础上构建了"要素结构指数"。在（3−5）式的基础上，要素结构指数的计算公式表示为：

$$ESI_{ij} = EF_{ij} / \sum_{j}^{T,L,K} EF_{ij} \qquad (3-11)$$

（3−11）式中，ESI_{ij}为要素结构指数，故劳动力、资本和土地的初始要素结构指数分别是：

$$ESI_{L(0)_i} = \frac{EF_{L_i}}{\sum_{j}^{T,K,L} EF_{ij}} = \frac{\theta_i}{\theta_i + \delta_i + \eta_i} \qquad (3-12)$$

$$ESI_{K(0)_i} = \frac{EF_{K_i}}{\sum_{j}^{T,K,L} EF_{ij}} = \frac{\delta_i}{\theta_i + \delta_i + \eta_i} \qquad (3-13)$$

$$ESI_{T(0)_i} = \frac{EF_{T_i}}{\sum_{j}^{T,K,L} EF_{ij}} = \frac{\eta_i}{\theta_i + \delta_i + \eta_i} \qquad (3-14)$$

接着，本书在（3−12）～（3−14）式的基础上考察劳动力、资本和土地随时间变化的要素结构指数，为了更好地展现出要素随时间变化的特点，公式经整理后最终得到：

$$ESI_{L(t)_i} = \frac{1}{1 + e^{(\mu_i + \lambda_i + \sigma_i)t} \dfrac{\delta_i}{\theta_i} + e^{(\tau_i + \lambda_i + \sigma_i)t} \dfrac{\eta_i}{\theta_i}} \qquad (3-15)$$

$$ESI_{K(t)_i} = \frac{1}{1 + e^{-(\lambda_i + \sigma_i + \mu_i)t} \dfrac{\theta_i}{\delta_i} + e^{(\tau_i - \mu_i)t} \dfrac{\eta_i}{\delta_i}} \qquad (3-16)$$

$$ESI_{T(t)_i} = \frac{1}{1 + e^{-(\lambda_i + \sigma_i + \tau_i)t} \dfrac{\theta_i}{\eta_i} + e^{(\mu_i - \tau_i)t} \dfrac{\delta_i}{\eta_i}} \qquad (3-17)$$

相较于前两种方法，要素结构指数更为复杂。从（3−15）～（3−17）式可以看到，要素结构指数虽然来源于资源禀赋系数，但y_i/Y在约分后消失了，转换成了衡量区域 i 某种要素所占全国份额与该区域三种要素所占全省份额之和的关系。事实上，θ_i、δ_i 和 η_i 在某种程度上既能反映区域 i 各要素在全省范围内的丰裕度，又能体现该区域资本深化的程度。因此，要素结构指数兼具前两个系数的特点，又能体现要素禀赋的结构化特征。（3-15）～（3-17）式还体现出，劳动力要素结构指数与农业劳动力转移速率、农业资本投入增长速率和农用地面积变化率成反比；资本要素结构指数与农业资本投入增长速率、农业劳动力转移速率成正比，与农用地面积变化率成反比；土地要素结构指数与农用地面积变化率、农业劳动力转移速率成正比，与农业资本投入增长速率成反比。将（3-8）～（3-10）式对应除以（3-15）～（3-17）式，得到一个共同的公式：

$$\frac{EF}{ESI} = \frac{e^{-(\lambda_i+\sigma_i)}\theta_i + e^{\mu_i}\delta_i + e^{\tau_i}\eta_i}{e^{(g_i-g)}\dfrac{y_i}{Y}} \tag{3-18}$$

从（3-17）式可以发现，在劳动力数量、资本存量、土地面积和农业增加值变化率恒定的条件下，资源禀赋系数和要素结构指数的比值是不随时间变化的，其差异集中体现在各要素初始时期占全省份额的差异上，这意味着资源禀赋系数与要素结构指数在某些结论上是一致的。但在三种要素变化率非恒定的情况下，要素结构指数能够反映出由各类要素变化率改变导致的要素禀赋结构变化。这说明，要素结构指数比资源禀赋系数在反映变化方面更加全面。

3.2 四川省各市州农业生产方式发展路径

3.2.1 数据来源

本部分采用年末耕地实有面积、第一产业固定资产投资和农林牧渔业就业人员的数据作为土地、资本和劳动力投入的衡量指标，采用农林牧渔业增加值作为农业产出的衡量指标。考虑到数据的一致性，本书主要选取全省21 个市州作为样本，取样时间段为 2005—2017 年。本部分研究数据资料来自 2006—2018 年《四川统计年鉴》，以及各市州历年《国民经济和社会发展统计公报》。

3.2.2　四川省各市州农业生产方式发展路径

农业生产方式发展路径对农业经济增长路径有至关重要的影响。农业生产方式发展路径背后实质是农业技术的选择。关于这一选择模型的阐释，国内影响最大的当属林毅夫等人提出的诱致性变迁理论。其基本观点是，生产要素的相对价格变化所带来的非均衡性，将会诱致农业经营者选择更多利用丰裕要素的技术，从而促使农业技术变迁。该理论把农业技术分为土地替代型技术和劳动替代型技术。土地替代型技术主要是生物化学技术（BC 技术），而劳动替代技术主要是机械技术（M 技术），介于二者之间的又被称为中性技术。

那么，四川各市州农业生产方式发展路径有什么样的特征呢？我们首先通过劳动生产率和土地生产率的比较来描述。

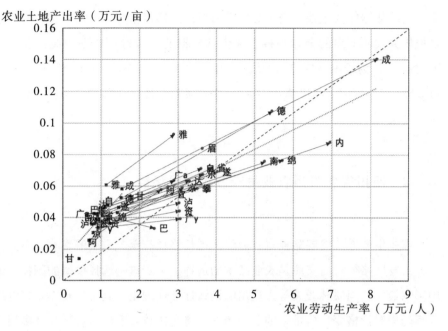

图 3-1　2005—2017 年期间各市州农业生产率变化的比较①

在图 3-1 中，横轴表示农业劳动生产率，纵轴表示农业土地产出率。前者用农业劳动力人均农业产出表示，后者用每亩农地的农业产出来衡量。图中箭头表示各市州两个不同时期劳动生产率和土地产出率的分布位置，每根线的起点是 2005 年，线的终点则表示 2017 年的相应位置。

在这里，农业劳动生产率（Y/L）、农业土地产出率（Y/T）和农业土地装备率（T/L）存在以下公式的关系：

$$Y/L = (T/L) \cdot (Y/T) \tag{3-19}$$

公式（3-19）表明，农业劳动生产率的提高可以通过提高农业土地装备率或农业土地产出率来实现。如果一个地区的土地要素逐渐变得丰裕，或者说耕地供给弹性较高的话，就可以通过扩大耕作面积，即提高农业土地装备率来实现农业劳动生产率的增长。这样的地区农业生产方式发展路径在图 3-1 中表现为从左向右接近水平方向移动，箭头线将低于 45°虚线。与之

---

①　各市州的名称均用该市州名称的第一个字替代，如成都简写为"成"。但是四川省有广元、广安两个名称的第一个字为"广"的城市，这里分别用"广 y"和"广 a"替代。

相反，如果耕地供给弹性较低，土地要素逐渐变得稀缺，扩大耕地面积的边际成本更高的话，则提高农业土地装备率更为困难。因此，这类地区会选择通过大量使用化肥、农药等农资来替代土地要素，以提高单位面积的农业土地产出来提高农业劳动生产率。这时，农业生产方式发展路径会表现为从左下方向右上方前进，箭头线将与45°虚线平行或比之更为陡峭。

从图3-1可以观察到，绝大多数市州农业劳动生产率都呈现上升趋势，体现了四川省农业持续发展的良好态势，但各个市州有不同的特征。绝大多数市州农业生产方式发展路径都低于45°虚线，仅有阿坝州、甘孜州和雅安市高于这一线。这说明四川省绝大多数市州主要依靠农业土地装备率的提高来实现农业劳动生产率的提升。阿坝州、甘孜州和雅安市地处高原和山地，土地资源十分稀缺，因而更多地通过化肥、农药等农资投入来促进农业劳动生产率的提高。从散点图添加的趋势线来看，2017年趋势线的斜率明显低于2005年，也体现了四川省农业劳动生产率整体依靠农业土地装备率的提高这一特征。事实上，四川省除了成都平原以外，其他各地土地资源都相对稀缺。四川又是劳务输出大省，大量外出务工的劳动力在很大程度上为土地规模化经营提供了契机。图3-1证明，扩大土地经营规模对农业劳动生产率增长的贡献明显高于其他方式的贡献。

在农业生产方式方面，在四川省各市州中成都市最具有竞争力。成都市的农业劳动生产率一直位居四川省第一。2005年还与第二位的德阳市相差无几，2017年已经明显拉开了差距。成都市农业土地产出率2005年略低于雅安市，但到了2017年已经远超过后者。在农业劳动生产率方面，紧随成都方面之后的，分别是内江市、绵阳市、德阳市和南充市，其农业劳动生产率均在5万元/人以上。其中，绵阳市、德阳市与成都市一样，都地处成都平原，可见地形地貌对农业生产力的影响非常大，而内江市属于川南经济区，南充市则是川东北经济区的经济中心城市。甘孜州、阿坝州、巴中市等生态环境脆弱、土地资源稀缺市州的农业劳动生产率在全省垫底。

总体而言，十几年来四川省农业发展态势良好，农业土地产出率、农业土地装备率都有所提高，并带动了农业劳动生产率的大幅提升。从农业生产方式发展路径来看，大量农业劳动力外出务工，土地要素变得相对丰裕，绝大部分市州走了一条劳动替代型的农业生产方式发展道路。

3.3　四川省各市州农业要素禀赋结构空间演化测评

基于本章第二部分的理论分析，本部分利用 2005—2017 年相关数据，分别运用三种测算方法对四川省 21 市州农业要素禀赋结构空间演化进行测算。

3.3.1　四川省各市州农业资本深化系数

资本深化常被定义为劳动力人均资本数量的提高，它意味着劳动力在工作过程中使用了更多的资本，是劳动生产率提高的标志。一个生产部门是否出现了资本深化，主要可通过观察该部门的资本－劳动力比率是否发生变化来了解。

表 3－1 显示，2005—2017 年，各市州农业资本深化系数年均增长幅度都在 10% 以上。其中增长超过 30% 的有德阳市、宜宾市，增幅分别为 33.20%、32.16%；而广安市、达州市和凉山州年均增幅在 16% 以下。不过从农业资本深化系数绝对值来看，21 市州农业资本深化系数到 2017 年均未能超过 10 万元/人，而且不同地区差别十分巨大。2017 年，农业资本深化系数最高的 3 个城市为成都市、攀枝花市和自贡市，其农业资本深化系数分别为 9.67 万元/人、9.34 万元/人和 8.70 万元/人；而最低的 3 个市州为甘孜州、凉山州和宜宾市，分别为 1.56 万元/人、1.62 万元/人以及 2.84 万元/人；最高的成都市是最低的甘孜州的 6 倍多。

表3-1 2005~2017年四川省各市州农业资本深化系数

单位：万元/人

地区	2005	2006	2007	2008	2009	2010	2011
成都市	0.50	0.66	0.87	1.08	1.83	2.27	2.65
自贡市	1.45	1.82	1.99	2.28	2.81	3.17	3.48
攀枝花市	0.50	0.59	0.72	0.91	1.26	1.58	1.97
泸州市	0.23	0.29	0.34	0.37	0.48	0.56	0.62
德阳市	0.09	0.13	0.15	0.19	0.61	0.93	1.17
绵阳市	0.38	0.43	0.53	0.58	0.84	1.24	1.43
广元市	0.32	0.38	0.48	0.61	0.95	1.37	1.41
遂宁市	0.57	0.71	0.90	1.21	1.76	2.08	2.30
内江市	0.86	1.08	1.27	1.78	1.87	2.16	3.28
乐山市	0.30	0.35	0.40	0.52	0.73	0.96	1.05
南充市	0.34	0.40	0.48	0.76	0.93	1.59	1.40
眉山市	0.63	0.84	1.00	1.34	1.51	1.67	1.69
宜宾市	0.10	0.11	0.15	0.22	0.34	0.47	0.53
广安市	1.63	1.77	1.81	2.07	2.28	2.57	2.81
达州市	0.87	1.12	1.18	1.44	1.76	2.02	2.28
雅安市	0.36	0.43	0.52	0.63	0.82	1.10	1.50
巴中市	0.24	0.28	0.34	0.40	0.56	0.72	1.05
资阳市	0.17	0.28	0.47	0.81	1.20	1.29	1.33
阿坝州	1.08	1.26	1.50	1.95	2.55	3.44	3.66
甘孜州	0.17	0.25	0.30	0.37	0.44	0.54	0.56
凉山州	0.29	0.35	0.42	0.49	0.57	0.69	0.76
成都市	3.09	3.71	4.26	6.12	7.34	9.67	28.00%
自贡市	4.17	4.63	5.42	5.27	7.72	8.70	16.10%
攀枝花市	2.53	3.11	4.01	6.36	7.15	9.34	27.63%
泸州市	0.66	0.76	0.95	1.53	2.38	3.01	23.90%
德阳市	1.40	1.59	1.81	2.07	2.38	3.07	33.20%
绵阳市	1.80	2.18	2.55	3.34	4.12	4.90	23.75%

续表3-1

地区	2005	2006	2007	2008	2009	2010	2011
广元市	2.01	2.42	2.98	3.82	4.44	5.26	26.28%
遂宁市	2.67	3.22	3.71	3.59	4.35	5.18	20.19%
内江市	3.67	3.59	4.20	5.06	5.97	7.05	19.16%
乐山市	1.30	1.67	2.21	2.66	3.29	4.01	24.12%
南充市	1.66	1.81	2.07	2.29	2.64	3.31	20.88%
眉山市	1.87	2.08	2.47	2.80	3.45	3.96	16.55%
宜宾市	0.69	0.90	1.22	1.61	2.11	2.84	32.16%
广安市	2.99	3.14	3.41	4.08	4.66	5.76	11.09%
达州市	2.57	2.83	3.25	3.51	4.06	4.76	15.21%
雅安市	1.96	2.67	3.13	3.18	3.68	4.12	22.52%
巴中市	1.42	1.94	2.36	3.25	4.14	5.45	29.72%
资阳市	1.47	1.61	1.88	2.33	3.29	3.91	29.86%
阿坝州	4.36	4.99	5.54	5.93	6.44	7.05	16.92%
甘孜州	0.57	0.59	0.77	0.94	1.17	1.56	20.29%
凉山州	0.83	0.99	1.08	1.27	1.38	1.62	15.41%

资本深化系数的巨大差异是造成农业劳动生产率差别的重要原因。图3-2是根据2005—2017年各市州农业资本深化系数和农业劳动生产率制作成的散点图，其横轴表示农业资本深化系数，纵轴表示农业劳动生产率。在这个图中可以明显看到农业资本深化系数与农业劳动生产率呈正相关关系，农业资本深化系数每提高1个单位，农业劳动生产率则相应提高46.98%。此外，图3-2的散点呈从原点发散的态势，这一态势还表明，在发展起步阶段（农业劳动生产率和农业资本深化系数的值均不高于2），农业劳动生产率的提升更依赖于农业资本深化。

农业劳动生产率（万元／人）

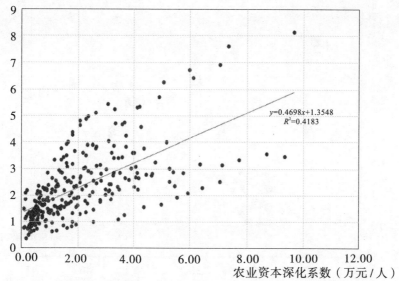

$y=0.4698x+1.3548$
$R^2=0.4183$

农业资本深化系数（万元／人）

图 3-2 四川省各市州农业资本深化系数与农业劳动生产率散点图

可以说，四川省各市州农业资本深化的趋势确定无疑，但农业资本深化究竟是通过怎样的方式影响农业劳动生产率的值得进一步讨论。如前所述，农业劳动生产率的提升主要有两种途径：一种是在土地资源逐渐丰富的区域，通过提高土地装备率来提升；另一种是在土地资源相对稀缺的区域，通过提高土地产出率来提升。图 3-2 表明，无论哪一种途径都离不开资本投入，只是资本可以分为两种用途：在土地资源逐渐丰富的区域，单位劳动力需要经营更大的土地面积，需要通过机械替代劳动等方式来实现；在土地资源稀缺的区域，则需要增加化肥、农药等土地替代型生产要素投入来实现。

图 3-3 比较了各市州农业土地装备率与用农业劳均农用机械总动力表述的农业劳动机械装备率之间的关系，横坐标是农业土地装备率，纵坐标是农业劳动机械装备率。图中箭头连接的两点表示各市州两个不同时期农业土地装备率和农业劳动机械装备率的分布位置，每根线的起点是 2005 年，线的终点则表示 2014 年的相应位置。①

——————

① 第二次全国土地调查对耕地数据作了极大的修正，因此 2015 年各市州耕地数据发生了极大的变化，甚至不具备纵向可比性，因此这里的耕地数据采用的是 2014 年的。

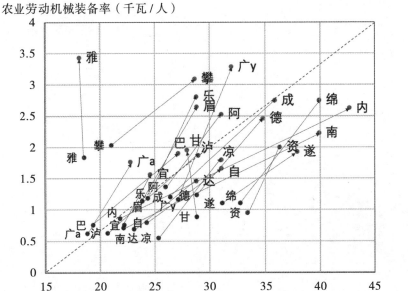

图 3-3 2005—2014 年期间各市州农业土地装备率与农业劳动机械装备率的比较

从图 3-3 可以看出,农业土地装备率与农业劳动机械装备率呈现明显的正相关关系。除了个别市州外,大部分箭头线都高于 45°,说明农业土地装备率的提升不仅必须增加具有劳动替代效果的资本(机械)投入,还需要通过技术革新进行更大幅度的替代。这是因为,并非仅多给农民发放几把锄头就能保证土地利用率的提升,还需要进行技术革新,如将小型拖拉机更换为大型拖拉机,而大型机械的技术革新又必须对相应的诸如制动器、齿轮等部件进行改良。事实证明,如果缺少这些劳动节约、机械使用方面的技术革新,是很难实现图 3-3 所显示的资本对劳动的大幅替代的。

在四川省各市州中,箭头线低于 45°主要是南充市和内江市。但这两个城市的特点是农业土地装备率都有大幅度提升,可能存在短时期农业资本投入不足的问题。雅安市和甘孜州是农业土地装备率未能提升但农业劳动机械装备率提升的两个市州。究其原因,很大程度上可能与图 3-1 反映的情况类似,即雅安市和甘孜州地处山区,土地资源稀缺,难以提升农业土地装备率,但并不妨碍它们采用具有适应性的小型农机具以提高农业劳动生产率。

图 3-4 比较了各市州用农地肥料集约程度表示的土地替代型生产要素

投入与农业土地产出率之间的关系。从图 3-4 可以看出，二者也呈现出正相关的关系，但几乎所有的箭头线都远大于 45°，这说明农业土地产出率的提高并非仅仅靠农地肥料的大量投入。据《中国农村统计年鉴（2014）》的数据，2011 年中国化肥施用量占了世界化肥总施用量的 31.9%。同时，2012 年中国稻谷、小麦单产分别为 6776.9 千克和 4986.9 千克，与同期世界平均水平相比分别高 53.7% 和 60.2%。中国是以高强度的化学品投入换来的高产量，农业通过持续高强度化肥投入来发展已经不可持续了。特别是 2012 年党的十八大将生态文明建设作为"五位一体"建设内容之一后，生态文明建设话语已经成为具有生态功能的农业发展的主导性话语。农业发展方式面临着转型问题。从图 3-4 中可以看到成都市和宜宾市两个城市的箭头线倾斜向左，说明亩均化肥施用量还在下降，且未能影响它们的农业土地产出率的上升势头。这说明成都市和宜宾市农业已经在向生态农业转型方面取得一定的进展。

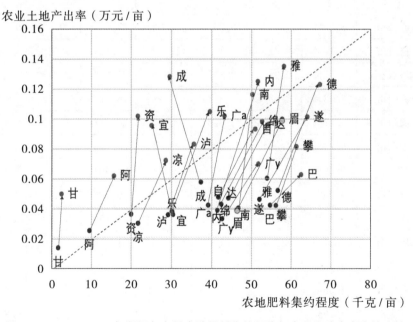

图 3-4　2005—2014 年期间各市州农地肥料集约程度与农业土地产出率的比较

3.3.2 四川省各市州农业要素禀赋系数

根据公式（3-5）～（3-10）的内在逻辑，要素禀赋系数与区域要素初始份额和变化率有密切关系，因此我们首先考察了四川省各市州农业劳动力、资本和土地要素的初始份额及年均变化率。

如表3-2所示，2005年农业劳动力、资本和土地占四川省份额最大的市分别为南充市、广安市和成都市。2005年南充市农业劳动力达到201.4万人，是当之无愧的农业大市；广安市农业资本存量为221.14亿元，在四川省农业生产中地位举足轻重；成都市坐拥广袤成都平原，土地资源十分丰富。

表3-2　四川省各市州农业要素的初始份额（2005年）及年均变化率（2005—2017年）①

地区	θ	δ	η	$\lambda+\sigma$	μ	τ	g
成都市	8.38%	8.29%	8.99%	−5.02%	21.63%	−0.84%	9.14%
自贡市	3.18%	9.21%	3.14%	1.07%	14.52%	1.02%	8.35%
攀枝花市	0.95%	0.94%	0.81%	0.88%	25.69%	2.24%	10.35%
泸州市	6.33%	2.88%	5.31%	−0.91%	19.91%	0.11%	8.66%
德阳市	4.17%	0.78%	4.89%	−0.07%	30.38%	−0.32%	8.49%
绵阳市	5.32%	4.03%	7.08%	−0.54%	20.12%	0.15%	9.07%
广元市	3.66%	2.30%	4.03%	0.41%	23.90%	0.56%	8.41%
遂宁市	3.06%	3.45%	3.86%	2.07%	19.79%	0.15%	8.52%
内江市	4.70%	8.06%	4.16%	−3.91%	11.75%	0.07%	11.70%
乐山市	4.21%	2.48%	4.16%	0.11%	21.44%	−0.76%	9.42%
南充市	8.43%	5.76%	7.58%	−2.15%	15.37%	0.15%	10.62%
眉山市	4.56%	5.76%	4.42%	0.25%	13.99%	−0.13%	9.48%
宜宾市	6.79%	1.32%	6.13%	1.34%	30.97%	0.06%	9.84%

---

① 如前所述，由于第二次全国土地调查对耕地数据做了极大的修正，因此这里的农用地面积变化数据采用的仍是2014年的。

地区	θ	δ	η	$\lambda+\sigma$	μ	τ	g
广安市	5.68%	18.42%	4.33%	0.03%	8.47%	0.16%	8.67%
达州市	7.33%	12.67%	6.88%	1.79%	14.49%	1.09%	8.87%
雅安市	2.00%	1.44%	1.50%	2.66%	22.72%	−0.53%	8.37%
巴中市	4.87%	2.30%	3.82%	−1.32%	25.08%	0.27%	5.24%
资阳市	5.19%	1.73%	7.05%	0.13%	27.10%	−0.25%	5.40%
阿坝州	1.34%	2.88%	1.42%	1.42%	15.78%	0.71%	10.72%
甘孜州	2.00%	0.69%	2.35%	2.31%	19.95%	−0.23%	12.81%
凉山州	7.86%	4.61%	8.08%	1.38%	14.05%	1.00%	11.08%
四川省	100%	100%	100%	−2.39%	17.30%	0.16%	8.86%

2005年以后，各地农业要素流动情况不一：就农业劳动力变化而言，有7个城市呈净流出状态，其中成都市年均流出幅度达到5.02%，内江市紧随其后，年均净流出幅度为3.91%。除此以外，南充市、巴中市、泸州市、绵阳市、德阳市都呈现不同幅度的流出状态。尽管农业劳动力净流出的城市只占四川省所有市州的约三分之一，但四川省年均净流出幅度为2.39%，高于中位数，说明农业劳动力数量减少幅度的分布呈现长尾特征，如成都市、内江市在考察期内农业劳动力均流出了50%，成为农业劳动力转移的主力。结合前面的分析来看，农业劳动力大量流出显然是有利于农业生产发展的，在生产上有利于土地装备率的提升，进而有利于农业劳动生产率的提升。成都市、内江市和南充市都是农业劳动生产率提升较快的典型城市。

就农业资本存量变化而言，所有市州农业资本存量都有较大幅度的提高，四川省年均增幅为17.30%。其中宜宾市、德阳市年均增幅均超过了30%，资阳市、攀枝花市、巴中市超过了25%，广安市年均增长幅度最低为8.47%，这可能与其相对较高的基数有关。从绝对值来看，2017年成都市农业资本存量达到1043.62亿元，占四川省农业资本存量的比重为12.81%，而2005年占比相对较大的广安市、南充市在四川省的地位下降，2017年分别占比为4.72%、7.20%，体现了农业资本要素在省域内进一步集聚的状况。

就农业土地面积变化来说，2005—2017年，成都市、乐山市、雅安市、德阳市、资阳市、甘孜州、眉山市7市都出现了不同幅度的减少。这些减少的城市如成都市、乐山市、德阳市、资阳市等都是城镇化快速发展的地区，或者如雅安市、甘孜州等是土地资源稀缺的城市。自贡市、攀枝花市、达州市和凉山州耕地资源出现了一定程度的上升，这与四川省的土地整理、城乡增减地挂钩等活动有一定联系。

农业要素流动的直接结果是改变了四川省各市州农业要素禀赋系数。农业要素禀赋系数是对不同市州要素禀赋的横向比较，能比较好地体现各市州农业要素丰裕程度。表3-3显示了2005、2011、2017三个年份四川省各市州农业要素禀赋系数的变化。农业劳动资源系数最高的是甘孜州，尽管12年来略有下降，但系数都在2以上，最低的是成都市，并且从2005年的0.68下降到2017年的0.48。有11个市州的农业劳动资源系数在下降，10个在上升。农业资本资源系数中，2005年广安市系数最高，为4.26，但随后迅速下降至2017年的1.70，这一点也体现在表3-3中；阿坝州则呈现波动状态，从2005年的3.37上升到2011年的4.15，随后下降到2.35。阿坝州、甘孜州和凉山州三州的农业资本资源系数都有所下降，在很大程度上与当地建设生态保护区有关。巴中市、攀枝花市、资阳市、广元市农业资本资源系数增长亮眼，增长都在0.7个点以上。2005年农地资源系数最高的地区为甘孜州，达到3.02，但随后迅速下降，2017年仅为1.28，下降幅度达到57.62%，成都市下降幅度也很大，从2005年的0.73下降到2017年的0.49。

表3-3 2005—2017年四川省各市州农业要素禀赋系数

地区	农业劳动资源系数			农地资源系数			农业资本资源系数		
	2005	2011	2017	2005	2011	2017	2005	2011	2017
成都市	0.68	0.63	0.48	0.73	0.72	0.49	0.67	1.03	1.01
自贡市	0.90	1.05	1.08	0.89	1.00	0.96	2.60	2.25	2.06
攀枝花市	1.18	1.24	1.11	1.01	1.19	1.17	1.17	1.51	2.28
泸州市	1.41	1.24	1.29	1.18	1.18	1.38	0.64	0.47	0.85

续表3-3

地区	农业劳动资源系数			农地资源系数			农业资本资源系数		
	2005	2011	2017	2005	2011	2017	2005	2011	2017
德阳市	0.69	0.71	0.71	0.81	0.76	0.63	0.13	0.51	0.48
绵阳市	0.74	0.83	0.68	0.99	1.04	0.90	0.56	0.73	0.73
广元市	1.16	1.46	1.28	1.27	1.43	1.73	0.73	1.27	1.47
遂宁市	0.73	0.67	0.96	0.92	0.79	0.99	0.82	0.95	1.10
内江市	1.23	0.61	0.56	1.09	0.85	0.78	2.11	1.23	0.86
乐山市	1.12	1.13	1.07	1.11	0.93	1.01	0.66	0.73	0.94
南充市	1.16	0.70	0.74	1.05	0.92	0.90	0.79	0.61	0.54
眉山市	1.11	1.18	1.07	1.08	1.03	0.81	1.40	1.23	0.93
宜宾市	1.30	1.33	1.37	1.18	1.07	1.24	0.25	0.43	0.86
广安市	1.31	1.32	1.34	1.00	1.00	1.07	4.26	2.29	1.70
达州市	0.96	1.00	1.18	0.90	0.94	1.08	1.65	1.41	1.24
雅安市	0.93	1.08	1.35	0.70	0.72	0.74	0.67	1.00	1.22
巴中市	1.28	1.64	1.63	1.00	1.30	2.05	0.60	1.06	1.96
资阳市	0.86	0.80	1.28	1.17	1.04	1.54	0.29	0.65	1.10
阿坝州	1.58	1.84	1.52	1.66	1.78	1.18	3.37	4.15	2.35
甘孜州	2.57	2.32	2.21	3.02	2.27	1.28	0.89	0.80	0.76
凉山州	1.35	1.44	1.25	1.39	1.33	1.16	0.79	0.68	0.44

3.3.3 四川省各市州农业要素结构指数

从图3-5展示的农业劳动力要素结构指数来看,2005年泸州市、德阳市、宜宾市、雅安市、巴中市都超过了0.4的水平,但随着劳动力的大量转移,大部分市州农业劳动结构指数都有所下降。如果从四川省划分的五大经济区来看,成都平原经济区中仅眉山市从2005年的0.31上涨到了2017年的0.38,遂宁市从0.29微涨到了0.31,其他城市均有回落,其中成都市下

降了近 0.09。川东北经济区农业劳动禀赋呈现向省域东部边缘地区集中的
趋势，广安市从 2005 年的 0.20 上升至 2017 年的 0.32，达州市从 0.27 上升
至 0.33，其他城市均有下降。川南经济区仅自贡市出现了增长，从 0.20 上
升至 0.26。攀西经济区中，攀枝花市也出现了较大幅度下降。三州地区农
业劳动结构指数均有大幅提高，其中涨幅最大为甘孜州，从 2005 年的 0.39
上升至 2017 年的 0.51，凉山州则从 0.38 上升至 0.43，阿坝州从 0.23 上升
至 0.29。由于要素结构指数包含了对区域内各单位的横向比较，从农业劳
动力要素禀赋变迁的含义来看，三州地区农业劳动转移相对滞后。

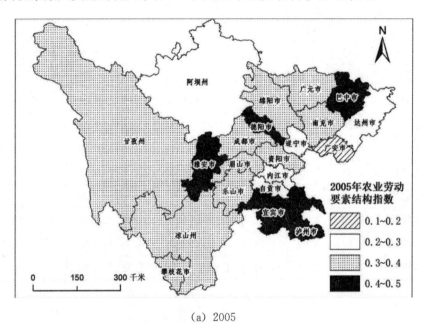

(a) 2005

图 3-5 2005—2017 年四川省各市州农业劳动力要素结构 ArcGIS 图

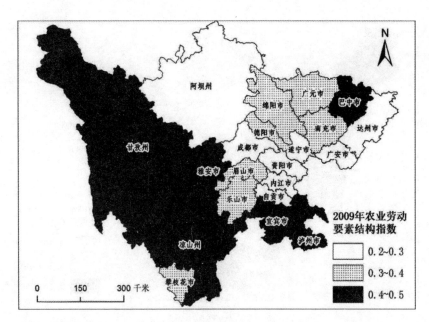

（b）2009

图 3-5（续）

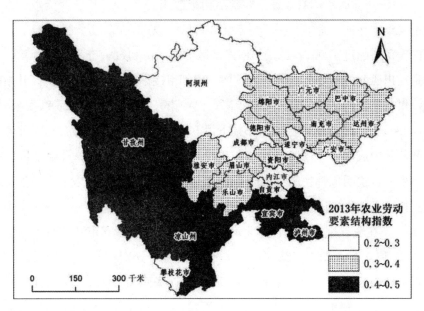

（c）2013

图 3-5（续）

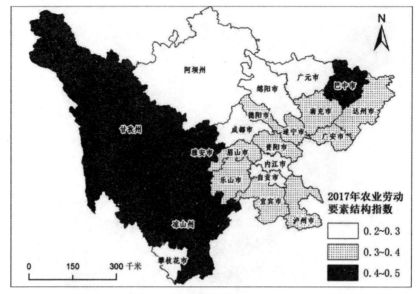

(d) 2017

图 3-5（续）

　　从图 3-6 展示的农业资本要素结构指数来看，2005 年农业资本要素禀赋主要集中在三个地区：一是川东北经济区，以广安市、达州市为核心，其中广安市还超过了 0.6；二是川南经济区的内江市和自贡市，都超过了 0.4；三是在川西北的阿坝州。但随着发展，成都市逐渐崛起，川南经济区开始收缩，川东北经济区的广安市略有下降，巴中市开始崛起。在成都平原经济区中，2005—2017 年除了眉山市小幅下滑 0.06 外，其他城市都有不同程度的提升，其中成都市、德阳市和资阳市提升了 0.15~0.18，提升幅度位居全省前列。这说明成都平原经济区经济快速发展给了这些区域农业发展强有力的支持。其他经济区各市州该指标变化不一。川东北经济区中，巴中市提升了 0.29，在全省排在第一，广元市提升了 0.09，而广安市和达州市则下滑了 0.24 和 0.12；川南经济区中宜宾市和泸州市分别提升了 0.14 和 0.04，自贡市和内江市则分别下降了 0.10 和 0.09；攀西经济区中，攀枝花市则提升了 0.15；三州地区中，甘孜州上升了 0.04，而阿坝州和凉山州分别下降了 0.05 和 0.07。

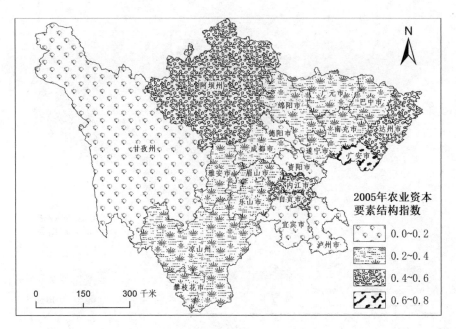

（a）2005

图 3－6　2005—2017 年四川省各市州农业资本要素结构 ArcGIS 图

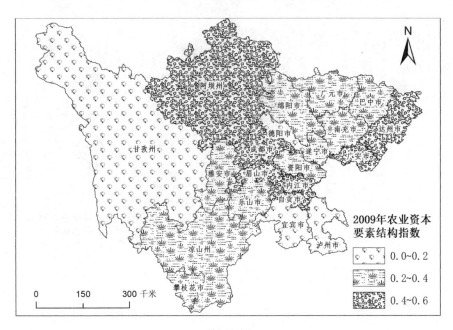

（b）2009

图 3－6（续）

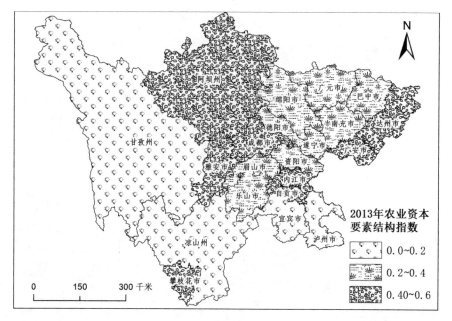

(c) 2013

图3-6（续）

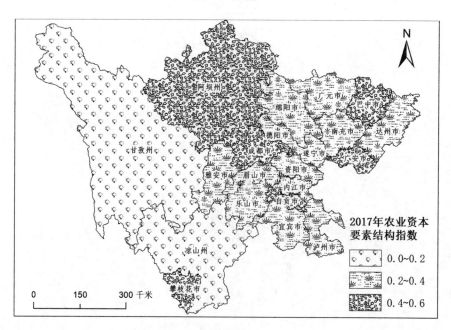

(d) 2017

图3-6（续）

从图3-7展示的农地要素结构指数来看，2005—2017年，成都平原经济区均出现了不同程度的下降，成都市、德阳市、绵阳市、遂宁市、乐山市、眉山市、雅安市和资阳市分别下降了0.10、0.15、0.04、0.05、0.05、0.01、0.08和0.11，其中德阳市、资阳市和成都市都下降了0.10以上，这说明经济的快速发展对农地要素禀赋有较强的负作用，进一步说明这些地区的城镇化可能更倾向于土地的城镇化。与成都平原经济区相反的，是其他经济区大部分城市农地要素结构的上升。川东经济区除广元市下降0.017，南充市、广安市和巴中市都有不同程度的提高；川南经济区则只有宜宾市下降0.07，其他几市均在上升，其中内江市更是上升了0.11；攀西经济区中，攀枝花市下降了0.04；三州地区中，凉山州略有提高，增加了0.012，阿坝州、甘孜州均有下降，其中甘孜州更是下降了0.16。

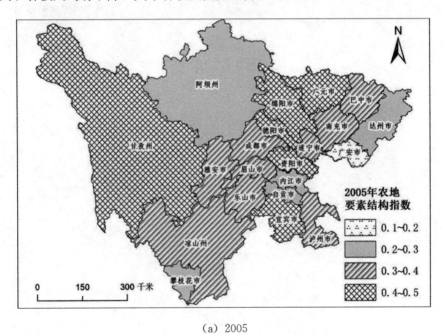

(a) 2005

图3-7 2005—2017年四川省各市州农地要素结构 ArcGIS 图

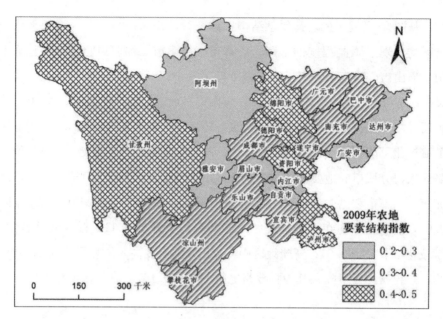

(b) 2009

图 3-7（续）

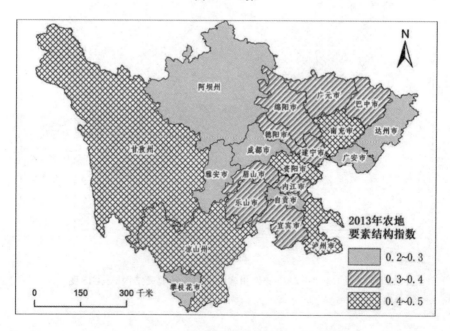

(c) 2013

图 3-7（续）

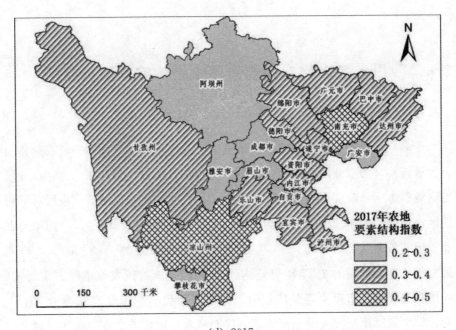

(d) 2017

图 3-7（续）

　　综合上述对四川省农业劳动结构指数、农业资本要素结构指数和农地要素结构指数的计算结果来看，四川省域内已经形成了与克鲁格曼的模型基本吻合的"核心—边缘"结构，即核心地区由于快速工业化和城镇化进程，农业劳动力和农地资源减少，而边缘地区则出现农业要素禀赋提升的"逆工业化现象"。同时，这一结论也符合第 2 章分析框架中的假设，即在区域内核心地区，虽然劳动力要素禀赋下降，但由于经济发展更快，会首先产生溢出效应，即在资本要素方面给予当地农业强劲的支持，表现为农业资本要素禀赋提升。四川省的"核心—边缘"结构是以快速城镇化的成都平原经济区为核心，以周边市州为边缘地区的。成都平原经济区的快速发展使得劳动力和农地要素禀赋迅速下降，而周边市州则更多地承担起了农业发展功能。

3.4　四川省各市州农业要素禀赋结构空间演化趋势

十多年来，四川省农业要素禀赋发生了很大程度的变化：一是农业劳动力大量转移，为农业经营规模化提供了契机；二是农业资本深化加剧，大量工商业资本下乡改变了农业生产方式；三是快速工业化、城镇化进程对不同地区农地资源分布产生了极大的影响。就农业经营规模程度而言，四川省农业土地装备率从 2005 年的 24.60 亩/人上升至 2014 年的 31.37 亩/人，全国第二次土地调查后的 2017 年更是达到 56.70 亩/人；就农业生产方式而言，四川省绝大多数市州主要是依靠劳动力要素替代型技术提高农业劳动生产率，较少依靠化肥投入的土地要素替代型技术，成都市、宜宾市还出现了向亩均化肥要素投入减少但农业劳动生产率提高的生态农业发展方式转型；就农地资源分布来看，四川省的核心地区成都平原经济区农地要素禀赋在下降，而其他经济区的非中心城市农地要素禀赋却在大幅增加。

综合本章的实证分析，四川省区域农业要素禀赋结构空间演化呈现出如下趋势：

第一，四川省各市州农业要素禀赋结构升级趋势明显。由于林毅夫等人将要素禀赋结构升级定义为资本相对于劳动力越来越丰富，或者说资本深化的过程，因此自 2005 至 2017 年，随着四川省各市州农业劳动力不断减少及农业资本投入增加，四川省各市州农业要素禀赋结构持续升级。从农业工业化进程来看，农业要素禀赋结构升级意味着从劳动密集型生产向土地密集型生产，再向资本密集型生产和技术密集型生产变迁。过去人们普遍认为，四川省除成都平原外其他地区都是崇山峻岭，川中是丘陵地带，川东北是平行岭谷地区，川西是高原，川南是山地。复杂的地形和密集的人口，使得四川省呈现出人多地少的状况。由于地处西部地区，工业化、城镇化发展滞后，四川省是典型的农业大省。但改革开放以后，特别是近十几年的发展，大量农业劳动力向中心城市和中东部地区转移，农业"内卷化"的生产方式逐渐成为历史。在农业资本深化背景下，农业生产方式已经向劳动力要素替代型技术转变，成都市、宜宾市还出现了向技术密集型的生态农业发展方式转型。

第二，农业要素禀赋结构变动整体有利于"核心地区"。有研究提出，中国区域经济存在"东部地区—其他地区"和"城市—周边农村"两个层次的"核心—边缘"结构，而农业要素禀赋结构空间演化在全国层面上有利于东部地区。[①] 本章的实证研究表明，四川省农业要素禀赋结构空间演化有利于成都平原经济区这个"核心地区"。成都市及其周边的德阳市、绵阳市等地的劳动力要素禀赋下降、资本要素禀赋迅速上升充分体现了这一点。同时，尽管成都平原经济区的城市农地要素禀赋普遍下降，但劳均土地装备率却持续上升，且成都市、绵阳市、眉山市等城市高于四川省平均水平，说明农地要素禀赋下降并未对农地规模化产生影响。不过"核心地区"城镇化快速发展挤占农地资源是事实，如何实现人的城镇化而不是土地的城镇化，进而促进土地节约集约利用是新的问题。

第三，农业要素禀赋在四川省各市州间分化比较明显。（1）农业劳动力要素禀赋呈现核心地区减少，周边地区上升态势。作为省域内的"核心地区"的成都平原经济区、未来可能成为第二增长极的川南经济区以及钒钛之都攀枝花市的农业劳动力要素禀赋持续下降，而川东经济区农业劳动禀赋则向省域东部边缘的广安市和达州市地区集中，地处省域西部的三州地区农业劳动禀赋均有大幅提高。（2）农业资本要素禀赋呈现核心地区上升，周边地区下降态势。尽管各市州农业资本深化程度都有大幅提高，但就农业资本要素禀赋空间分布来看，依托经济发展优势的"核心地区"成都平原经济区农业资本要素禀赋普遍上升，地处川东北的达州市、广安市，地处川东南的内江市、自贡市，地处川西的凉山州、阿坝州的农业资本要素禀赋都有不同幅度的下降。（3）农业土地要素禀赋呈现核心地区减少，周边地区上升态势。农业土地要素禀赋与经济发展水平呈现较强的负相关关系，在经济核心地区

---

① 罗浩轩. 中国区域农业要素禀赋结构变迁的逻辑和趋势分析［J］. 中国农村经济，2017（3）：46—59.

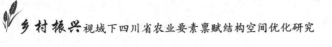

成都平原经济区的各市州无一例外出现了不同程度的下降；而其他经济区大部分城市农业土地要素禀赋都在上升。一个值得关注的特点是，其他经济区农业土地要素禀赋下降的城市一般也是该经济区的中心城市，如川南经济区的宜宾市、攀西经济区的攀枝花市。

第**4**章

四川省各市州农业生产要素投入
产出绩效分析

最近十几年来，四川省农业农村发展有了长足进步。2007 年，成都市设立了国家级综合配套改革试验区，随后开始了农村土地产权制度改革。这一改革极大地激活了农民土地资产，提高了资源配置效率，并对全国农村土地制度改革产生了重要的影响。2006 年开始的四川省"金土地工程"，一方面增加了四川省耕地面积，提高了农业综合生产力；另一方面为推进四川省农业现代化、促进城乡经济共融、产业互动、统筹城乡发展创造了良好的条件。农业综合生产能力的提高主要取决于农业生产要素投入量的增长和农业要素生产率的提高。那么，在乡村振兴战略实施前，四川省各市州的劳动力、资本和土地等生产要素投入对农业产出的贡献如何呢？这些农业生产要素的投入是否遭遇了边际报酬递减？就这些问题展开研究，对四川省乡村振兴战略布局，实现农业农村健康发展有着重大意义。为此，这一部分将运用计量经济学模型，结合上一部分的相关数据，对 2005—2017 年的四川省农业生产要素的贡献进行实证研究。

4.1 关于农业生产要素投入产出绩效文献综述

蔡昉[1][2]认为，在经济发展的早期，一个经济体经济增长的初始动力往往来源于自然资源，但由于依赖自然资源实现增长的不可持续性，该经济体

---

① 蔡昉. 经济增长方式转变与可持续性源泉 [J]. 宏观经济研究，2005 (12)：34−37+41.

② 蔡昉. 人口转变、人口红利与经济增长可持续性——兼论充分就业如何促进经济增长 [J]. 人口研究，2004 (3)：2−9.

会发生由依赖自然资源向依赖可再生的物质资本的发展方式转变。随后，由于资本报酬递减规律的作用，资本积累无法长期维持经济增长。如果一个经济体的劳动力足够丰富，可以在很大程度上延缓资本报酬递减规律的作用，这种状况被称之为"人口红利"。因此，自然资源、资本积累和人口红利被称作经济增长的三大动力或源泉。不过，由于资本报酬递减规律最终会发生作用，经济增长方式必须向依靠技术进步或生产率提高转变。林毅夫及其团队坚持不懈地从资源禀赋、比较优势和企业自生能力视角进行研究，逐步形成了新结构经济学的 ECVSE 分析框架。[①] 这一框架的基本逻辑是：一个经济体在某一时刻的要素禀赋决定了比较优势，只有遵循比较优势的产业才最富有竞争力，经济剩余也最大，而且要素禀赋结构升级速度也最快。这一切要能顺利实现的关键点在于经济体要有良好的市场运行机制，使得要素相对价格通过竞争得以充分显现，以让企业可以根据市场价格信号对产业进行理性选择。综合蔡昉和林毅夫等人的观点，可以认为，农业部门也存在着沿着自然资源、劳动力、资本等生产要素的依次持续投入而导致边际收益排浪式递减的现象；当某种生产要素收益持续递减，意味着要素禀赋结构已经发生了变化，具有自生能力的各类农业生产单位会调整要素配置策略，挖掘新的增长动力，从而实现农业产业结构转型升级。

国内关于中国农业生产函数的研究很多。早在 1992 年，经济学家林毅夫就对 1978 到 1987 年中国 28 个省的资源禀赋做了计量估计。[②] 张元红对中国省域农业产出弹性进行了回归。[③] 辛翔飞等人持续对中国农业经济增长生产函数进行回归分析。[④] 辛翔飞等人运用 1986—2005 年的分省面板数据进行回归，然后对劳动生产进行了 Blinder-Oaxaca 分解，提出地区资源禀赋造

① 韦森. 探寻人类社会经济增长的内在机理与未来道路——评林毅夫教授的新结构经济学理论框架 [J]. 经济学（季刊），2013，12（3）：1051—1074.

② Lin J Y. Hybrid Rice Innovation in China: A Study of Market-Demand Induced Technological Innovation in a Centrally-Planned Economy [J]. The Review of Economics and Statistics, 1992, 74（1）：14—20.

③ 张元红. 改革以来乡村企业的增长：要素贡献与技术进步 [J]. 中国农村观察，1996（4）：24—30+66.

④ 辛翔飞，秦富. 我国农业经济增长因素分析及地区差异比较 [J]. 新疆农垦经济，2005（12）：9—13.

成中国东中西部差异。[①] 赵建欣等人分别计算了 1985 年、2004 年各省的农业生产要素的结构指数，并计算了这两个年份的要素弹性。[②] 全炯振运用随机前沿分析"马奎斯特模型"对中国农业全要素生产率增长进行了实证分析。[③] 吴玉鸣运用空间计量经济学模型，分析了中国省域农业生产的空间分布模式和空间依赖性。[④] 王兵等人基于 SBM 方向性距离函数对中国各省份农业效率和全要素生产率增长进行了实证分析。[⑤]

　　与以往相比，党的十九大报告更加重视经济的质量提高而非单纯的数量增长，并首次将"提高全要素生产率"作为贯彻新发展理念，建设现代化经济体系的举措。[⑥] 全要素生产率（Total Factor Productivity，TFP）是一个系统的总产出与全部生产要素真实投入之比，而全要素生产率的增长率则是衡量投入要素技术进步的重要指标。因此，考察四川省农业全要素生产率及其增长率，对于评估农业经济增长方式是否已经到了转型关口具有重要意义。

4.2　四川省农业边际资本—产出比率（ICOR）测算

　　第 3 章的研究表明，四川省农业资本深化对农业经济增长有明显的促进作用。但是，农业资本投入同样会不可避免地受到资本报酬递减规律的影响。同时，由于农业是受自然风险和市场风险双重约束的弱质性产业，其投

---

　　① 辛翔飞，刘晓昀. 要素禀赋及农业劳动生产率的地区差异 [J]. 世界经济文汇，2007（5）：1−18.

　　② 赵建欣，张忠根. 要素投入结构变化对中国农业增长影响的实证研究 [J]. 技术经济，2007（7）：69−73+128.

　　③ 全炯振. 中国农业的增长路径：1952−2008 年 [J]. 农业经济问题，2010（9）：10−16.

　　④ 吴玉鸣. 中国区域农业生产要素的投入产出弹性测算——基于空间计量经济模型的实证 [J]. 中国农村经济，2010（6）：25−37+48.

　　⑤ 王兵，杨华，朱宁. 中国各省份农业效率和全要素生产率增长——基于 SBM 方向性距离函数的实证分析 [J]. 南方经济，2011（10）：12−16.

　　⑥ 本书编写组. 党的十九大报告（辅导读本）[M]. 北京：人民出版社，2017：177.

资效益低、回报慢，因此受资本报酬递减规律的影响可能更快。

正如何秀荣、冯开文所说，农业属于"投资拉动型"产业，"鉴于私人投资主体的趋利性，政府对农业的投入更显得十分重要，如果没有政府对农业资本的大量投入，农业现代化进程必将大大减缓"①。资本的边际效率是衡量全要素生产率对资本生产率影响的简单方法。在现有文献里，资本的边际效率常常用"边际资本—产出比率"（Incremental Capital－Output Ratio, ICOR）来衡量。与农业存量资本—产出比率相比，边际资本—产出比率也更加容易计算。根据 ICOR 的定义，资本的边际生产率是资本存量的边际产量（dK/dY）。由于 dK 等于投资的流量 I，因此，在总量上，农业资本的边际生产率可以用农业增加值（即第一产业增加值）与投资的比率来表示。显然，ICOR 是农业增加值与投资比率的倒数。我们计算了 2005—2017 年四川省农业边际资本—产出比率。

就理论而言，农业投资效率的提高将趋于保持农业资本与产出的同步变动，因此，无论使用资本—产出比率还是边际资本—产出比率（ICOR），其增长率将非常小，或者接近于 0。如果边际资本—产出比率升高，则说明农业投资效率下降。由于农业固定资本投资具有一定的滞后性，我们计算了 ICOR3 年内变动的均值来观察农业投资效率。

图 4-1 左边的纵坐标表示四川省 2005—2017 年农林牧渔业投资和第一产业增加值的对数，右边的纵坐标表示农业 ICOR（3 年移动平均）。从图 4-1 可以看出，2005—2017 年，四川省农林牧渔业投资迅速上升，这一结果在第 3 章的分析中已经体现。然而，第一产业增加值的增长却显得缓慢。这使得 ICOR 总体上不断升高，说明在农业资本不断深化的过程中，农业资本的投资效率出现下降。这也意味着想要通过资本要素的投入来推动农业经济增长越来越困难。这一观察结果与赵文、程杰（2011）对农业全要素生产率的增长率所做的分析是一致的，即当前农业产出增长主要是靠投资扩张带动，而农业全要素生产率的增长率贡献却一致偏低。②

① 何秀荣，冯开文. 比较农业经济学［M］. 北京：中国农业大学出版社，2010：132.

② 赵文，程杰. 中国农业全要素生产率的重新考察——对基础数据的修正和两种方法的比较［J］. 中国农村经济，2011（10）：4－15＋35.

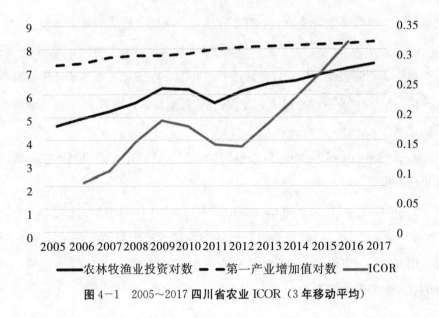

图4-1 2005~2017 **四川省农业 ICOR（3 年移动平均）**

4.3 四川省农业面板随机前沿模型构建

为了更好地估计全要素生产率变化特点，本部分采用随机前沿生产函数（Stochastic Frontier Analysis，SFA）测算 2005—2017 年四川省 21 个市州农业生产要素投入产出弹性以及全要素生产率。随机前沿生产函数能够估计在现有技术水平下可获得的最高全要素生产率生产边界。它通过计算技术效率，解释了与生产率最高的个体（全要素生产率最高）相比个体间生产率的差距，对于分析特别容易受外部影响的农业部门更为适用。根据新古典增长模型的假设，经济增长主要依靠劳动力和资本两种要素的投入，而技术则是外生地发挥作用。其中，最为著名新古典增长模型就是柯布—道格拉斯函数。因此，本部分用柯布—道格拉斯函数作为随机前沿生产函数的基础，扩

展成了一个包含了农业劳动力、资本和土地三种要素投入的基本模型：[①]

$$Y_{it} = A_{it}T_{it}^{\beta_1}L_{it}^{\beta_2}K_{it}^{\beta_3} \tag{4-1}$$

与第 3 章的假设一样，在公式（4-1）中，Y_{it} 表示 i 市州 t 时间的农业总产出，L_{it} 为农业劳动力投入，K_{it} 是农业资本存量，而 T_{it} 是用耕地面积表示的土地投入。

基于 Schmidt 和 Sickles（1984）[②] 的研究，我们建立了四川省农业面板随机前沿模型：

$$\ln Y_{it} = \alpha_t + \beta_1 \cdot \ln T_{it} + \beta_2 \cdot \ln L_{it} + \beta_3 \cdot \ln K_{it} - u_{it} + v_{it} \tag{4-2}$$

式中，α_t 为第 t 时期最高可获得的农业技术进步率，u_{it} 是一个非负变量，用来衡量 i 市州在 t 时间与最高农业生产率的差距。因此，i 市州 t 时刻的农业全要素生产率为：

$$\alpha_{it} = \alpha_t - u_{it} \tag{4-3}$$

对于随机前沿分析，常用的估计方法有技术效率不随时间变化的固定效应/随机效应模型（FIX/RND），技术效率随时间而变的误差分量前沿方法（ECF）。就技术效率不随时间变化的模型而言，固定效应模型可以直接使用 LSDV 法进行估计，随机效应模型则可以对 u_{it} 和 v_{it} 的分布做出假定，进行 MLE 估计。而随时间变化的时变衰减模型则是在随机效应模型框架下，假设 u_{it} 随个体与时间而变[③]：

$$u_{it} = e^{-\eta(t-T_i)}u_i \tag{4-4}$$

式中，T_i 为 i 省的时间维度，η 为待估参数。由公式（4-3）可知，u_{it} 将随时间而递减，直到最后一期 T_i 时，$u_{iT} = u_t$，所以称之为时变衰减模型。当 $\eta = 0$ 时，则退化为技术效率不随时间变化的模型。

———————————

① 罗浩轩. 中国农业增长类型转变了吗：基于 1999—2016 年 31 个省份的经验数据 [J]. 广东财经大学学报，2021. 36（2）：102-112.

② Schmidt，P, Sickles R C. Production Frontiers and Panel Data [J]. Journal of Business and Economic Statistics，1984（2）：367-374.

③ Battese G E, Coelli T J. Frontier Production Functions, Technical Efficiency and Panel Data：With Application to Paddy Farmers in India [J]. Journal of Productivity Analysis，1992，3（1）：153-169.

4.4　四川省各市州农业投入产出弹性及全要素生产率

我们首先对面板数据进行了 Hausman 检验，检验结果显示 H 值为 58.73，P 值为 0.00，故强烈拒绝原假设，并认为应该使用固定效应模型而非随机效应模型。对于固定效应模型可通过使用 LSDV 法进行估计。结果如表 4−1 所示。

表 4−1　随机前沿模型测算结果

解释变量	系数	标准误	解释变量	系数	标准误
$\ln L_{it}$	−0.511 *	0.317	乐山市	−0.865 * * *	0.186
$\ln K_{it}$	0.370 * * *	0.052	南充市	−0.131 * *	0.052
$\ln T_{it}$	0.041	0.083	眉山市	−0.913 * * *	0.145
常数项	6.403 * * *	1.672	宜宾市	−0.143 * *	0.059
成都市	—	—	广安市	−1.031 * * *	0.070
自贡市	−1.429 * * *	0.225	达州市	−0.343 * * *	0.041
攀枝花市	−2.721 * * *	0.645	雅安市	−1.645 * * *	0.397
泸州市	−0.513 * * *	0.119	巴中市	−1.059 * * *	0.157
德阳市	−0.281	0.214	资阳市	−0.424 * * *	0.129
绵阳市	−0.320 * *	0.113	阿坝州	−2.824 * * *	0.507
广元市	−1.186 * * *	0.210	甘孜州	−2.033 * * *	0.421
遂宁市	−1.001 * * *	0.257	凉山州	−0.115 *	0.063
内江市	−1.025 * * *	0.236	R^2	0.958	

注：* * *，* *，* 分别表示在 1%，5%，10% 的水平上显著。

从表 4−1 可以看到，农业劳动投入产出弹性为 −0.511，并且在 10% 水平上显著，说明农业劳动力减少将有助于农业产出增加。这一结果同时意味着过去四川农村可能有大量农业剩余劳动力。由于中国农村土地制度有均地化倾向，更多的农业劳动力意味着农业土地细碎化程度更高，反而将影响农业生产率的提高。农业资本投入产出弹性为 0.370，且在 1％水平上显著，说明农业资本投入对农业产出有较大的正向影响。上述回归结果与第 3 章测算结果相吻合。农业土地投入产出弹性比较小，约为 0.041，且并不显著，这可能与 2014 年以后全国第二次土地调查对耕地数据的大幅修订有关，改变了耕地统计性质。我们尝试对 2014 年以前的数据进行 LSDV 法回归，结果农业土地投入产出弹性大幅提高，并在 10％水平上显著。

需要指出的是，结合前面对农业边际资本—产出比率（ICOR）的测算，可以综合得出以下结论：尽管农业资本投入仍然是拉动农业产出的动力，但随着资本深化程度的加深，农业边际投资回报率在迅速下降，现有的靠农业边际资本投入的增长方式不可持续。

根据速水佑次郎等人的研究，经济要实现可持续增长其增长，方式必须向靠技术进步的库兹涅茨增长类型转变。那么，四川省各市州农业全要素生产率对农业产出增长的贡献如何呢？表 4-1 显示，绝大部分市州都在 1％水平上显著，绵阳市、宜宾市在 5％水平上显著，凉山州在 1％水平上显著，仅有德阳市不显著。根据公式（4-3），我们可以计算出各市州农业全要素生产率。

测算结果（见图 4-2）显示，2005—2017 年，阿坝州和攀枝花市的农业全要素生产率对农业增长贡献最高，分别为 9.227 和 9.124，并构成了四川省农业全要素生产率前沿。从上一章的表 3-2 来看，地处川西高原地区和川南山地的阿坝州和攀枝花市在 12 年间的农业产出增长率也是排在全省前列，对于土地资源稀缺的市州农业发展具有重要的借鉴意义。甘孜州和雅安市的农业全要素生产率也位于第三和第四，都在 8 以上。在成都平原经济区，除成都市的虚拟变量无法估计外，紧邻成都市的德阳市、绵阳市、资阳市全要素生产率都在 7 以下；眉山市、遂宁市和乐山市分别为 7.316、7.268。川东北经济区中，广元市、巴中市和广安市分别为 7.589、7.462 和 7.434；经济相对发达的达州市和南充市则为 6.742 和 6.534。川南经济区中，最高的是自贡市，农业全要素生产率为 7.832，体现了其川南经济区农业发展强市的地位；其次是内江市，为 7.428；泸州市和宜宾市分别为 6.916 和 6.546。

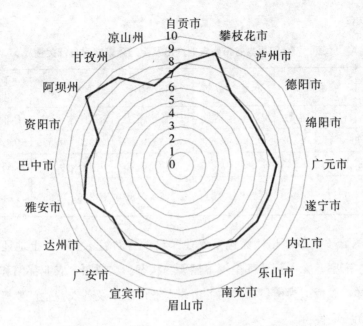

图 4-2　四川省各市州农业全要素生产率雷达图

上述结果显示，大多数农业全要素生产率在 7 以上的市州均为土地资源稀缺型。这进一步说明，在土地面积难以在短时间内扩大、劳动力产出弹性为负的情况下，农业发展可以通过技术创新和管理集约化转向依靠农业全要素生产率来实现增长。而其他土地资源逐渐变丰裕的地区，通过提高农业全要生产率来实现增长还有很大的空间。

4.5　农业生产的空间自相关性检验

四川省各市州农业生产要素的空间流动性，可能导致区域间农业生产表现出显著的空间效应。判断区域农业生产是否存在空间相关性和异质性，一般可通过刻画全域空间自相关性的指标——Moran's I、Geary's c 和 Getis & Ord's G 三种指数进行检验。因此，我们对四川省各市州农业产值、劳动力、资本、土地以及全要素生产率进行空间自相关性检验。检验的结果如表

4-2所示：

表4-2 四川省各市州农业产出及生产要素空间自行关性

	农业产出		农业劳动力		农业资本		农业土地		农业全要素生产率	
	P值	指数	P值	指数	P值	指数	P值	指数	P值	指数
Moran's I	−0.175	0.308	−0.031	0.884	−0.033	0.882	0.025	0.565	−0.038	0.922
Geary's c	1.129	0.443	0.867	0.387	0.948	0.782	0.886	0.424	0.866	0.400
Getis & Ord's G	0.235	0.409	0.226	0.644	0.222	0.864	0.228	0.551	0.214	0.136

从表4-2可以看出，无论是农业产出、劳动力、资本、土地还是农业全要素生产率，无一例外都呈现不显著的状态。这说明，农业部门和工业部门不一样，以货币为衡量标准的各市州农业产出以及各农业生产要素之间的变化并无关联性。

就农业劳动力而言，四川省是劳务输出大省，根据李玉红等人对2016年中国第三次全国农业普查行政村普查抽样数据的分析，在各省份人口空心村净流出人口方面，四川省位居全国第一，占全部净流出人口的10.71%，因此基本不存在农业劳动力在省域内各市州的农村之间流动且务农的情况。就农业资本而言，由于农业投资主要依靠部门资本和工商业资本，即使农户投资也鲜有跨市州投资的情况，因此也不存在明显的相关性。就农业土地而言，作为区域性的生产要素，更不存在流动的可能性。而农业全要素生产率更多的具有非农部门的外部输入性，因而也没有显示出技术溢出。农业产出作为各类农业生产要素投入的因变量，自然也未能反映出省域空间相关性。

四川省农业要素禀赋结构空间演化
为乡村振兴战略实施带来的机遇
和挑战

四川省农业要素禀赋结构空间演化对未来乡村振兴战略带来了机遇，同时也使其面临着挑战。随着全省工业化、城镇化的快速发展，以及国家一系列强农惠农政策的出台，实现乡村振兴的条件逐渐具备。但与此同时，农业不断小部门化，农地面积持续缩减，农业劳动力数量下降，农村资金持续流失[①]，使四川省在确保粮食安全，打造现代农业产业体系、生产体系和经营体系，培育新型农业经营主体以及农业土地节约集约利用等方面普遍遇到土地资源紧缺、人力资源不足、技术投入效果受限等问题。

5.1 稳固四川省产粮大省地位的机遇与挑战

"民为国基，谷为民命。"粮食事关国运民生，保障粮食安全始终是我国农业农村现代化建设的首要任务。改革开放 40 多年来，随着工业化、城镇化的不断推进，我国的粮食产量不断提升，从 4 亿吨稳步上升到 5 亿吨，又突破了 6 亿吨。粮食供求关系也从总体短缺逐步转变为基本平衡，再到阶段性过剩和结构性短缺并存，实现了历史性转变。当前，我国粮食安全仍然面临一系列问题，粮食市场的供需平衡持续受到关注：一是结构性问题突出，主要粮食生产过盛，但优质口粮供应不足，无法满足消费者日益多样化的需求；二是自然灾害和地域限制，近年来自然灾害频发，雪灾、地震导致粮食

---

① 刘润秋，黄志兵. 实施乡村振兴战略的现实困境、政策误区及改革路径 [J]. 农村经济，2018 (6)：6—10.

减产，对粮食主产区冲击较大；三是国内外粮食市场价格差距较大，国内粮食生产成本的上升导致国外大米等粮食产品进口价格低于国内价格，对国内粮食产业造成严重冲击。

四川省作为西南地区唯一的粮食主产区，对于保障全国粮食安全供给和地区稳定具有重要作用。然而，20 多年来四川省对全国粮食安全贡献率总体走低，粮食主产省份的功能不断退化。相较于全国，四川省的粮食安全问题更为显著。

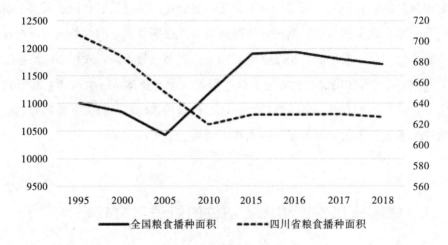

图 5-1　1995—2018 年全国粮食播种面积与四川省的比较（单位：万公顷）①

---

① 数据来源于《中国统计年鉴 2019（英汉对照）》。

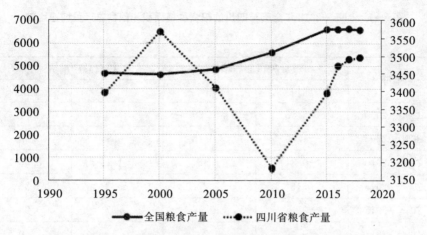

图5−2 1995—2018年全国粮食产量与四川省比较（单位：万吨）①

图5−1是1995—2018年全国粮食播种面积与四川省的比较，左侧纵坐标是全国粮食播种面积，右侧是四川省粮食播种面积。图5−1显示，20多年来四川省粮食播种面积有不断缩小的趋势，从700万公顷左右下降到600万公顷左右，而与此同时全国粮食播种面积却不断上升。图5−2是1995—2018年全国粮食产量与四川省比较，左侧纵坐标是全国粮食产量，右侧是四川省粮食产量。1995—2018年，全国粮食总产量从4.67亿吨增至6.58亿吨，年均增速1.78%。同期，四川省粮食总产量从3395.3万吨增至3493.7万吨，年均增速仅0.13%，粮食总产量排名从全国第三跌至全国第九，粮食生产份额从7.28%降至5.31%。从粮食种植面积和总产量增速来看，四川省两项指标均处于全国平均水平之下，且不同阶段波动幅度较大，粮食增产压力较大（见表5−1）。综上所述，20多年来四川省粮食生产大省地位在全国已经严重下降。

---

① 数据来源于《中国统计年鉴2019（英汉对照）》。

表5-1 1995—2018年全国与四川的粮食种植面积和粮食总产量增速比较

单位:%

年份	粮食种植面积增速		粮食总产量增速	
	四川	全国	四川	全国
1995—2000	-0.58	-0.29	1.00	-0.19
2000—2005	-1.05	-0.78	-0.91	0.93
2005—2010	-0.31	1.38	-1.11	2.93
2010—2015	0.16	1.27	1.32	3.39
2015—2018	-0.11	-0.46	0.97	0.08
1995—2018	-0.49	0.28	0.13	1.60

数据来源:根据历年《中国统计年鉴》《四川统计年鉴》综合计算得出。

自党的十八大以来,以习近平同志为核心的党中央将粮食安全纳入国家总体安全理念,提出了"以我为主,立足国家,确保产能,适度进口,科技支持"和"粮食基本自给,口粮绝对安全"的新的粮食安全战略。

2013年5月23日习近平总书记来川视察时指出,四川是农业大省,具有丰富的农业自然资源,具有做好"三农"工作的良好条件,必须扎实做好"三农"工作,加快发展现代农业。2017年,习近平总书记在参加十二届全国人大五次会议四川代表团审议时强调,四川农业大省这块金字招牌不能丢,要带头做好农业供给侧结构性改革这篇大文章,推进由农业大省向农业强省跨越。

2019年国家发展改革委、国家粮食和物资储备局颁布《关于坚持以高质量发展为目标加快建设现代化粮食产业体系的指导意见》,明确提出要加快农业供给侧结构性改革,大力发展粮食经济,加快建设现代化粮食产业体系,增强粮食安全保障。四川省以习近平总书记来川视察和参加十二届全国人大五次会议四川代表团审议时的指示为指导,根据国家相关政策制定保障省内粮食生产和粮食安全的政策:一方面,落实配套服务政策和关键技术支持,加强科技和相关服务,保证粮食产业持续稳定发展。另一方面,加快新品种培育和重大技术研发,推动粮食作物科技创新和示范转化,进一步完善相关扶持政策,以确保四川粮食安全。在此基础上,加快土地流转,将分散的土地资源聚集起来，以促使粮食生产逐渐形成适度规模经营，无疑给四川省粮食安全保障带来了机遇。

5.2 四川省构建现代农业产业体系、生产体系和经营体系的机遇与挑战

习近平总书记在2016年农村改革座谈会上强调"发展现代农业，要在稳定粮食生产、确保国家粮食安全基础上，着力构建现代农业产业体系、生产体系、经营体系"。要发展现代农业，确保粮食生产的底线，保证国家粮食安全，必须将农业"三大体系"的建设作为实现现代农业发展的基本框架。

5.2.1 农业产业体系

农业产业体系是集食物保障、原料供给、资源开发、生态保护、经济发展、文化传承、市场服务等产业形式于一体的综合系统，是多层次、复合型的产业体系。现代农业产业体系是衡量现代农业整体素质和竞争力的主要指标，核心是解决农业资源的市场配置和农产品的有效供给问题。

当前我国农业产业体系主要呈现三个特征：一是地域性发展特征。我国的农业产业布局大体分为中东部、西部和沿海地区三种类别。地域的不同带来了现代农业产业化体系发展的明显差异。西部地区地广人稀，自然条件恶劣，农业生产力水平和生产效率明显偏低；中东部地区开发较早，农业自然条件优越，农业产业化体系较为健全；沿海地区是中国目前经济最为发达的地区，农业产业化规模超前，市场化运作程度较高。二是市场化发展特征。当前我国现代农业产业体系已经具备了适应市场发展的能力。市场化发展的特征为现代农业产业体系长期稳定发展奠定了基础，是我国整个农业产业规

模化发展的重要保障，并直接推动了农业企业的升级、转型，全面提升了我国农业产业的市场竞争能力，促进了我国市场经济的健康、稳定发展。三是集约化发展特征。农业产业从业者更加注重某个核心领域和产品，产业集约化程度不断提高，客观上刺激了农业新技术和新装备的应用，加快了农业产业新技术的推广，提升了农业产业全行业的生产力水平和生产效率。

就四川省具体而言，培育"10＋3"现代农业产业体系是乡村振兴的重要内容。"10＋3"农业产业体系具体是指重点培育川粮油、川猪、川菜、川酒、川竹、川果、川药、川牛羊、川鱼等十大特色产业，同时突出现代种业、智能农机装备制造、烘干冷链物流三大先导性支撑产业。相关数据显示，四川省现代农业生产体系的构建取得了良好的成效，2019年四川农作物种业企业达到173家，全省农业装备上下游企业达到500多家，其中规模以上企业达到170家，农业装备制造占全省民生用装备制造的比重达到40％。上述成效为四川省由农业大省跨越为农业强省奠定了坚实的基础。

但目前四川省现代农业产业体系构建仍然面临考验，一是人力资源不足。四川作为劳动力输出大省，每年有大量优质劳动力向外输出，造成四川省内劳动力相对匮乏。同时四川省内劳动力要素主要向省内核心地区的成都平原经济区流动，因此，省内种业面临高端人才流失严重，农机行业人才缺失等情况。二是技术投入欠缺。三大先导性支撑产业仍然处于初级阶段，信息化、智能化、标准化水平较低，科技投入少，技术创新薄弱。因此在以后的实践中，一方面要进一步完善人才引进机制，加大人才队伍建设，通过适当的激励手段引导各类人才投身先导性产业，同时重视本土人才培育机制；另一方面，要加大科学技术的投入，引进先进生产技术，提高产业的信息化、技术化水平。

5.2.2　农业生产体系

农业生产体系是现今科学技术与生产过程的有机结合，是衡量现代农业发展水平的主要标志，建立农业生产体系的核心是解决农业发展动力和活力问题。现代农业生产体系依靠农业良种化、机械化、科技化、信息化、标准化，实现农业生产的快速、高效、生态的高度协调统一。[①]

随着社会的发展，科技创新成为现代农业发展的原动力，依靠现代农业科学技术成为现代农业生产体系发展的必由之路。四川省在水稻、茶叶等方面的科技创新能力较强，但农业生产的科技含量不高。主要表现如下：一是中低产田改造滞后。据统计，2018 年末四川省 1—4 等的优等地仅有 3.31 万亩，5—8 等的高等地为 1018.17 万亩，优高等地仅占全部耕地的 10.12%，比全国总体水平 29.49% 低 18.37 个百分点。这说明，四川省以中低耕地为主，而这成为四川省农业生产的一大障碍。[②] 二是农业生产全程机械化的实施率不高。四川省农业机械总动力 2020 年已经达到 4754.0 万千瓦，农业机械化水平提升较快，但是主要集中于水稻生产，而蔬菜、油菜等经济作物的机械化水平不高。[③] 三是农业生产环境污染治理进展缓慢，重金属污染和农业残留超标现象较为严重。受资源约束，土壤污染、养殖污染等问题严重，土壤酸化、板结现象日趋加重。四是农业新技术和新品种推广不够，有效灌溉面积近年来变化较为平缓，粮食种植面积不稳定，良种良法配套需要加强，新技术偏少。

农业生产体系建设的关键在于科技进步，科技发展可以有效促进现代农业生产体系的建设，要充分利用四川省农业科技基础较厚实的优势，加大农业科技的投入力度，为农业新产品、新技术的研究及技术推广提供支持，提高农业生产体系的现代化水平。

5.2.3　农业经营体系

农业经营体系是一种伴随社会市场经济发展的客观存在，是在农业基本

---

① 李含琳，李楠. 构建"农业三大体系"是实施乡村振兴战略的关键 [J]. 甘肃农业，2018 (2)：21-23.

② 数据来源于原国土资源部 2019 年发布的《全国耕地质量等别更新评价主要数据成果》。

③ 数据来源于《四川统计年学 2021》。

经营制度框架下，农业生产经营各环节之间、农业生产经营主体之间、农业生产经营组织之间构成的以农业产业为支撑的现代农业经营系统。

党的十八大报告明确指出，要"构建集约化、专业化、组织化、社会化相结合的新型农业经营体系"。与传统经营方式不同，新型农业经营体系是在新的历史条件下，按照集约化、专业化、组织化、社会化的内在逻辑演化生成的有机统一体，在体现资源要素的优化配置和经营管理的创新升级的同时，也体现了社会分工和组织协作的内在要求。党的十八大以来，通过政策引导、政府扶持、市场需求等多方面因素的共同作用，在农业经营体系发展实践中逐步形成了以"农户＋合作社"为代表的农户自体化经营服务模式、以"公司＋合作社＋农户"为代表的农户与企业合作模式和以"规模经营＋专业服务"为代表的市场化交易模式。①

四川省可利用耕地资源匮乏且空间分布不均，资源禀赋决定土地不适宜大规模集中经营，集约化、机械化、专业化、标准化是四川农业发展和实现乡村振兴的必由之路。当前四川省新型农业经营体系构建主要面临以下几个问题：一是农民经营主体外流。四川省作为传统劳务输出大省，常年在外务工的农村适龄劳动力超过 2000 万人。有学者研究发现，当前四川省已经不仅是"富余"劳动力转移，更是农业必要劳动力大量转移，村庄"空心化"和"老龄化"日趋严重。二是土地流转具有自发性。四川省以农户家庭经营为基础的中小规模农场多为农户之间自主土地流转，具有一定不稳定性。三是农业服务具有自给性。农业生产成本提高且成长受限，以农户家庭经营为基础的适度规模农场，只有与农业实用技术、适用型机械相结合，才具有规模经济效应，当前各地农业社会化服务水平普遍低下，严重制约了农业现代化转型。

① 周庆元. 构建新型农业经营体系的动力机制与协同路径［J］. 内蒙古社会科学，2020（3）：155—161.

5.3　四川省新型农业经营主体培育的机遇与挑战

根据官方文件的定义，新型农业经营主体是指"在家庭承包经营制度下，经营规模大、集约化程度高、市场竞争力强的农业经营组织和有文化、懂技术、会经营的职业农民"①。许多学者都从不同角度对新型农业经营主体下了定义，总体说来新型农业经营主体主要有四个特征：从劳动力角度来说，新型农业经营主体要具有较高素质，能运用生产技术、经营管理等知识进行专业化劳动；从生产资料角度来说，新型农业经营主体要具有能够体现适度规模经营且专用于农业生产，取得较好规模效应的生产资料；从服务角度来说，新型农业经营主体所需求的和所能提供的农业服务市场化程度比较高，专业化分工细致深入，能促进农业劳动效率的提升；从技术应用角度来说，新型农业经营主体的现代化物质装备水平要高，技术适应性较好。

近年来，政府大力支持新型农业经营主体培育，出台了一系列支持政策，加大了资金投入，已经取得良好的成效。从全国情况来看，截至 2018 年底，全国家庭农场达到近 60 万家，其中县级以上示范家庭农场达 8.3 万家。全国依法登记的农民合作社达到 217.3 万家，是 2012 年底的 3 倍多。全国从事农业生产托管的社会化服务组织数量达到 37 万个。各类新型农业经营主体和服务主体快速发展，总量超过 300 万家，成为推动现代农业发展的重要力量。② 当前我国新型农业经营主体培育虽然取得显著成效，但是依然存在不平衡、不充分、实力不强等问题。从自身发展来看，经营规模较小、集约化水平不高、产业链条不完整等问题依然存在。家庭农场仍然处于起步发展阶段，部分农民合作社运行不规范，社会化服务主体服务能力不

---

① 该定义来自 2012 年的《浙江省人民政府办公厅关于大力培育新型农业经营主体的意见》，其他官方文件都没有给出明确的界定，只包括主要类型。

② 以上数据来自农业农村部印发的《新型农业经营主体和服务主体高质量发展规划（2020—2022 年）》。

足，新型农业经营主体培育相关制度仍然需要进一步完善和发展，以推动农业的高质量发展。

四川省也采取了多种措施促进新型农业经营主体发展，如全面推进土地确权颁证、鼓励农地向新兴农业经营主体流转、支持农民以土地入股兴办合作社、深入开展示范区建设等，这些措施极大地促进了新型农业经营主体数量的增加。在政策的支持下，四川省家庭农场从 2013 年的 6267 家发展到 2019 年的 5.34 万家，农民合作社由 2010 年的 1.4 万家发展到 2019 年的 9.96 万家，龙头企业上万家，土地流转率从 2011 年的 18.3% 提高到 2019 年的 40% 以上，带动了全省农民可支配收入年均增长 9% 以上。① 但目前新型农业经营主体的培育存在一些不足：一方面，由于大部分农业经营业主是根据自己的固有经验进行种植，导致市场上产业雷同现象严重，缺乏特色，农业效率和效益都很难提高；另一方面，土地集中连片流转困难，制约规模化发展，由于农村土地分属不同家庭，土地破碎、分散，农业经营者需要在征求农户同意的基础上进行土地承包，但由于主客观因素，承包耕地难以集中连片，制约了规模经营。

5.4 四川省农村土地节约集约利用的机遇与挑战

农村土地节约集约利用，是指在一定的自然、经济、社会和技术条件下，通过土地开发、整理、复垦等手段，以及土地利用规划、土地产权完善等一系列法律法规和政策措施，实现农村土地最佳的投入—产出比和最大的综合效益，使其既达到规模效益，又达到结构和强度的合理化，充分挖掘农村土地利用潜力。完善以节约集约土地为导向的土地利用制度、出台有针对性的土地节约集约利用政策、制定土地利用规划、实施土地用途管制和推进

---

① 数据来源于《70 年巨变，四川农业农村铸造辉煌——新中国成立 70 周年四川经济社会发展成就系列之三》。

农村土地综合整治是促进农村土地节约集约利用的主要手段。

2006 年，四川省开展了为期 10 年的"金土地工程"，旨在通过土地整治，增加耕地面积，提高农业综合生产力，进而推动农业现代化和城乡经济发展。"金土地工程"计划在 10 年时间里整理土地 1000 万亩，新增耕地至少在 100 万亩以上，建成 600 万亩高产、稳产基本农田，惠及 800 万以上农业人口。① 到 2015 年，"金土地工程"取得了令人满意的结果，建成了一大批符合现代农业要求的旱涝保收，高产、稳产、高标准基本农田，改善了农业生产条件，为实现粮食连续增产，确保国家粮食安全打下了坚实的基础。

2016 年以后，四川省又出台了《四川省土地整治规划（2016—2020年)》(简称《规划（2016—2020 年)》)，计划在"十三五"时期至少建成高标准农田 1934 万亩以上，争取建成 2827 万亩，其时间短、规模大，远超"金土地工程"。此外，《规划（2016—2020 年)》还明确纳入了生态修复要求，拓展了农村土地节约集约利用的内涵。

2020 年，四川省又马不停蹄实施"全域土地综合整治试点工作"，在全省范围内选取一批试点乡镇，并以乡镇为实施单位，以三年时间为实施周期，开展农用地综合整治、合理优化永久基本农田布局、推进闲置低效建设用地整治利用等工作。这一试点工作进一步突出了生态效益、经济效益和社会效益的叠加，突破了过去以工程思维进行整治的局限，强调以乡镇为单位，进行山、水、林、田、湖、草全要素综合整治。不仅如此，"全域土地综合整治试点工作"还充分利用先进技术，通过优于 0.2 米的高分辨率正射影像结合实地测量数据对耕地占补平衡进行动态监管，确保耕地变化真实可控。

不过，当前四川省农村土地节约集约利用仍然面临许多挑战。一是省内地形复杂多样，盆周山地区土地整治成本高、难度大。成都平原地区地势平坦、土壤肥沃，整治难度相对较小，其农村土地节约集约利用水平也是最高的；川东丘陵地区土地整治难度适中，有一定整治潜力；但盆周山地区地形

① 中国政府网. 四川启动"金土地工程"未来 10 年将整理 1000 万亩［EB/OL］. 网址：www. gov. cn/govweb/jrzg/2005－12/25/content. 136731. htm.

复杂，地质环境不稳定，进行土地整治的风险大，过去整治的效果也不是很明显，特别是如何实现耕地宜机化还需要探索。二是土地整治如何真正达到农用地规模化经营的效果。由于政策不配套，农民退出承包地机制未建立，农民未吃"定心丸"。尽管实施了"三权分置"，但却造成租金高的问题。一方面，是农民"宁荒不转""宁送不租"，土地撂荒、抛荒问题严重；另一方面，是租种业主不敢、不愿投入，投入后则采取掠夺式生产，规模种植难以推进。这些都是在土地整治过程中亟待解决的问题。三是土地整治如何充分发挥生态效益，以提高整治质量。简单的休耕、退耕、还林、还草尽管在一定程度上实现了生态保护，但并非真正提高了农村土地节约集约利用，要真正将农业绿色低碳循环发展模式建设纳入土地整治的设计思路，才能真正发挥生态效益，但这一点还有待探索。

由于要素禀赋的差异，四川省各个地区土地节约集约利用水平差异较大。成都平原地区城乡一体化水平较高，加之地势平坦、土壤肥沃，其农村土地节约集约利用水平最高。而川西高原山地城镇化水平低、经济发展相对滞后，加之地形复杂多样，交通通达性差，对农村剩余劳动力的吸纳能力弱，农村土地节约集约利用缺乏可持续的动力支撑。

第6章

四川省农业要素禀赋结构空间演化
为乡村振兴战略实施带来的主要
矛盾

四川省各市州农业要素禀赋结构在空间中的演化为乡村振兴战略实施带来了机遇和挑战的同时，在更深层次上带来了短时间内难以解决的发展矛盾。这些矛盾包括城市核心发展与农村边缘化的矛盾、城乡公共服务差异之间的矛盾、城乡要素快速流动与城乡要素交换机制扭曲的矛盾以及四川省产销平衡现状与粮食主产区定位的矛盾。

6.1 城市核心发展与农村边缘化的矛盾

从世界各国的发展经验来看，城镇化和现代化是国家在发展中必然经历的过程。目前我国城镇化正处于高速发展的时期，各种要素的快速流动产生了许多新问题，较为典型的便是农村逐渐边缘化，成为发展之殇。在城乡二元分割背景下，农民受现实因素、经济压力、城乡差距、生活追求等影响，劳动力、资金、资源等纷纷向城市和非农部门转移。当农村劳动力的外流规模超过农村建设和农业发展的基本需求后，农村便进入了边缘化、空心化的状态。农村空心化是城镇化过程中因农村人口空间分布变迁而衍生出的乡村聚落边缘化和住宅空心化等一系列现象的统称。四川省存在三种边缘化的主要类型：一是位于城市边缘地带的村庄因人口迅速城市化而形成的近郊边缘化，二是远离城市的偏僻农村因人口大量流出而产生的远郊边缘化，三是在政府主导的村落搬迁过程中新旧村落之间未能有效衔接而形成的边缘化。

城乡发展不平衡即城乡发展失衡，是指一个国家或地区的城乡关系在经济社会发展过程中出现了不协调、不匹配、不和谐的状态。城乡发展不平衡主要源于城乡分割，同时它又以城乡差距为结果。衡量城乡差距可以观察到城乡发展不平衡的水平。王德文、何宇鹏（2005）提出，可以从收入水平、消费支出和消费水平衡量城乡差距，其中消费水平最为理想。他们通过测算认为，目前城乡差距并没有随着经济增长而缩小，城乡差距本质上是资源配置扭曲、收入分配倾斜与部门间技术进步不平衡三者共同作用的结果。[①] 周云波（2009）用基尼系数衡量了我国的城乡差距。[②] 一个共同结论是，改革开放以来，我国城乡差距的总体趋势并未缩小，甚至还略有拉大。以收入差距为计量指标，1978 年按当年价格计算的收入差距之比为 2.6，而到了 2012 年，该数据变为 3.10。如果分省进行观察，越是发达的地方其收入差距越大。2012 年上海、北京和浙江的收入差距比都在 3.8 以上。城乡差距的背后，是长期以来城乡分割政策取向造成的城乡发展不平衡。根据库兹涅茨的假说，经济发展水平与收入差距的关系呈现倒 U 型变动。[③] 这个理论意味着，经济发展到了一定阶段收入差距是其必然现象。但是该理论又暗示，要发展到倒 U 型变动的后来阶段，必须以解决城乡发展不平衡问题为前提。

经济全球化使全球城市核心经济圈域之间的分工和交流、合作与竞争关系日益强化。国家之间、企业之间的竞争最终都将通过城市核心圈这一中观地域单元体现出来。只有核心城市才具备参与世界经济分工交流所需要的完善的基础设施；只有大都市才拥有足够的产业集聚和经济规模参与竞争。简而言之，核心地区有更多的机遇以及资源。但是，农村作为边缘地区，如果要素大量流失而结构无法转型的问题得不到有效解决，不但会造成城乡断裂，甚至连核心城市本身的发展也会失去支撑和依托。

曾几何时，我国通过工农业剪刀差不断从农业农村获取剩余劳动力，发展重工业。但是这种状况随着农产品市场的逐渐开放而式微。目前，我国城乡发展不平衡主要体现在生产要素市场在城乡之间发展不平衡和国家政策供

① 王德文，何宇鹏. 城乡差距的本质、多面性与政策含义 [J]. 中国农村观察，2005（3）：25-37+80.

② 周云波. 城市化、城乡差距以及全国居民总体收入差距的变动——收入差距倒 U 型假说的实证检验 [J]. 经济学（季刊），2009（4）：173-199.

③ Kuznets S S. Economic Growth and Income Inequality [J]. American Economic Review, 1955, 45（1）：1-28.

给在城乡之间的不平衡。城乡发展不平衡极大地制约了我国农村发展，它通过资源配置的扭曲、国家政策的倾斜汲取着投入农村的各类资源。

根据《四川省国民经济和社会发展第十一个五年规划纲要》，四川省21个市（州）可分为成都平原、川南、攀西、川东北和川西北五大经济区。①就四川省五大经济区的分布来看，成都平原经济区发展迅速，以成都为核心的成都平原经济区（还包括德阳、绵阳、乐山、眉山、资阳、遂宁、雅安这七个城市），2019年的生产总值高达28295.58亿元，其中成都市2019年的生产总值就占了一半以上，高达17012.65亿元。

图6-1显示，2019年四川省五大经济区生产总值为46615.8亿元。成都平原经济区的生产总值超过全省的一半，相对于四川而言，成都就是一个核心超大城市，其外围的川东北、川西北、川南、攀西四大经济区以其为核心发展。大量劳动力涌进核心城市，农村劳动力大幅度减少，空心化、边缘化的情况越来越严重。

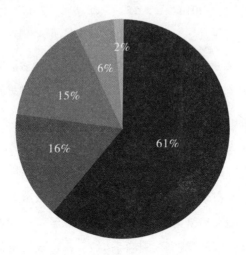

■成都平原　■川南　■川东北　■攀西　□川西北

图6-1　2019年四川省五大经济区生产总值

数据来源：根据四川省各市（州）《2019年国民经济和社会发展统计公报》。

————————————

① 成都平原经济区包括成都、德阳、绵阳、眉山、资阳、乐山、遂宁和雅安8个市，川南经济区包括自贡、宜宾、泸州、内江4个市，攀西经济区包括攀枝花市和凉山州2个市（州），川东北经济区包括南充、达州、广安、巴中和广元5个市，川西北生态经济区包括甘孜和阿坝2个州。

图 6-2 更直观明了地反映了成都市人口城镇化率的增长情况，2014 年第一次突破 70%，2016 年有所下降，其余年份都是在增长。2019 年末成都市常住人口为 1658.1 万人，其中，城镇常住人口为 1233.79 万人。在成都平原经济区中，除了像成都一样的大城市以外，绵阳、德阳的人口城镇化率也在逐年增加。其他四个经济区的核心城市亦如此，以城市为核心的经济集聚现象越来越明显，而农村边缘化程度随之加深。

图 6-2 2013—2019 年成都市常住人口城镇化率

数据来源：《成都市统计局关于 2019 年成都市主要人口数据的公告》。

图 6-3 是 2019 年四川省五大经济区各市州地区生产总值的情况，其中成都平原经济区去掉了成都市的地区生产总值。图 6-3 更加清晰地显示了四川省的"核心—边缘"结构。其他四大经济区，除川西北经济区外，均有实力最强的核心城市，其他市州都与该区的核心城市形成"核心—边缘"形态。进一步的，四大经济区也围绕着成都平原经济区发展。地处四川省边缘的川西北生态经济区和攀西经济区的边缘县、边缘村落的发展存在着较大的差距。

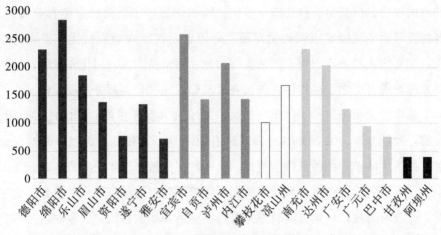

图 6-3　2019 年四川省五大经济区各市州地区生产总值（单位：亿元）

6.2　城乡公共服务差异之间的矛盾

　　城乡公共服务是城乡发展的重要保障。理想状态下，城乡居民应在基础教育、医疗卫生、社会保障、文化设施等社会事业的资源配置方面享受均等的权利。但自改革开放以来，我国基础设施建设及公共服务供给的重点长期放在核心城市。这既是提高公共资源配置效率的客观需要，也是在公共资源配置决策过程中城市影响力大于农村影响力的必然结果。事实上，在市场力量的作用下，公共资源以外的其他各类生产要素（资本、技术和自然资源）会自发地流向回报率高的工业和城市，农业和农村在这场要素"争夺战"中往往会败下阵来，农村居民在就学、就医、就业和社会保障等方面的财政待遇也存在较大差距，并引起社会各界的高度关注。① 特别就我国这种后发追赶型国家而言，在现代化进程中工业化、城镇化往往是快变量，农业、农村

① 王胜华. 经济赶超、公共支出偏向与城乡公共服务差距 [J]. 广东财经大学学报，2021（1）：15-24+84.

和农民往往是慢变量。在快速工业化、城镇化进程中，要想避免农业衰退、乡村衰落，实现国家协调均衡发展，必须牢固树立农业农村优先发展的理念，切实加大对农业农村发展的支持力度。而坚持农业农村优先发展，就是要发挥政府有形之手的作用，加快农村基础设施和公共服务发展步伐。

基本公共服务供给主体单一是城乡基本公共服务供给差异的现实原因。目前，我国基本公共服务供给仍以政府为主导，尤其是县级以下的农村地区，供给主体单一的特征特别突出。这一状况导致了基本公共服务资金来源单一、需求表达渠道过窄和政策周期性强等问题。目前基本公共服务资金主要依赖政府财政，但地方财政投资重点在城市和非农部门，农业农村基本公共服务资金捉襟见肘。更进一步，受社会组织发育不足、企业引流机制不健全等因素制约，农业农村基层组织即使有资金也往往很难通过政府购买廉价的公共服务。同时，在自上而下的权力结构中，基层政府缺少深入调研农村居民需求的激励，加之人手紧张、农村居民表达需求积极性低等问题，常常使供给的服务无法精准对接农村居民需求。此外，基本公共服务供给单一还带来政策周期强的问题。张霞对 2008—2018 年四川城乡基本公共服务综合指数的测算结果表明，2008 年 "5·12" 汶川大地震后灾后重建的三年中，农村基本公共服务水平的提高非常迅速，城市和农村基本公共服务指数的差距大幅缩减；但当灾后重建项目陆续完成后，"城市强、农村弱" 的基本公共服务配置格局再次显现；2017 年党的十九大召开，提出建立健全城乡融合发展政策体系，差距又进一步缩小了。[①]

农村基本公共服务财政投入力度较弱是城乡基本公共服务供给差异形成的直接原因。如上所述，基本公共服务资金主要依赖政府财政的支持。在现有的体制下，中国式财政分权激发了地方发展经济的强大动力；同时，GDP 作为官员升迁的主要考核指标，使地方出现了发展经济的 "标尺竞争"。这一双重动力调动了地方政府发展经济的积极性。而经济发展的主要驱动力又在城市和非农部门，因此地方财政资金主要向这些领域投放，即所

---

① 张霞. 四川基本公共服务城乡差异测度、现实困境及破解路径 [J]. 中国西部，2020（4）：56—68.

谓 "城市偏向型的支出政策"。在这一背景下，农业农村的公共服务供给出现了相对不足，进一步拉大了城乡之间的差距。同时，四川省域内城乡投入不均衡问题也十分突出。成都市作为四川省的核心区域，农业农村发展有充足的资金保障。2007 年国务院批准成都市作为全国统筹城乡综合配套改革试验区后，自 2009 年开始成都市、县两级财政安排每个村（社区）不低于 20 万元的专项资金。2013 年，这笔专项资金的最低标准已经达到 40 万元/村（含涉农社区）。调研走访中能明显感到，成都市农村在专项资金的支持下，基本公共服务得到强有力的保障，而其他市州农村则因缺乏资金支持，基本公共服务供给滞后。2019 年成都市城乡收入差距仅为 1.88 万元，远小于同年四川省 2.46 万元的水平。

城乡分离的二元制户籍制度改革进展缓慢是城乡基本公共服务供给差异形成的重要原因。城乡户籍制度背后连接着教育、社保、就业等福利，拥有不同户籍的居民感受到的基本公共服务存在巨大差别。事实上，早在 2014 年四川省就出台了《进一步推进户籍制度改革实施方案》，提出全面放宽除成都市外的大中小城市和建制镇的户籍制度改革政策，鼓励人口转移到大中小城市。同时，成都市和乐山市试点居住证制度，持居住证的人享有与当地户籍人口同等的公共服务，目的是实现城乡公共服务一体化。然而，多年过去后，该项制度覆盖范围仍然仅限于成都和乐山两市；持居住证所享受的城镇基本公共服务范围也比较有限，不利于流动人口积极主动去办理居住证；居住证制度也是单方面的，仅限于农村向城市流动的人口，城市居民缺乏前往农村的通道。

6.3　城乡要素快速流动与城乡要素交换机制扭曲的矛盾

尽管改革开放以来，生产要素在城乡之间的流动壁垒逐渐被打破，包括允许农民自带口粮进城务工，土地由传统的划拨改为由国家征收并实施"招、拍、挂"，进行公开出让，发展村镇银行、农业小额信贷等。但是，要进一步解放生产力，推进生产要素市场改革，仍然有不小的困难。近几年，城乡收入差距缩小幅度并不是很明显，很大程度上依然是城乡生产要素市场分割的结果。特别是在城乡要素快速流动的背景下，这一问题加剧了土地、资本和劳动力等要素在城乡之间配置不合理的现象。

在土地要素市场中，受当前土地制度的影响，土地只能在城乡之间单向流动。城镇化的快速推进使大量集体土地转变为城市用地，但在目前的土地制度下，只能由政府以行政手段实现这一过程，农民承包的耕地、宅基地不能通过自主有效方式进行流转。在近 30 年来，部分地方政府为发展商业性、工业性用地，打着公益性的名义侵占农用耕地、随意改变土地性质和用途的现象比较突出，而农民却只能分享到高昂的土地出让金中很少一部分。单向性的城乡土地要素市场在一方面纵容了城市用地肆意扩张，利用效率低下；在另一方面又使农民利益受到损害。自 2008 年后成都市为促进农村土地要素流转，保护农民权益，进行了农村产权交易改革并取得了良好的效果，并全省范围内推广。据悉，2019 年成都市农村产权交易所已经与省内 17 个市州、120 个区县实现了联网运行，并与德阳市合资共建了德阳分所，正抓紧与眉山、资阳、攀枝花、宜宾、巴中等市合资共建分所。未来这一改革扩大到全省的效果如何，仍有待观察。

在资本要素市场中，国家通过行政控制的资本被重点配置到城市和工业领域，社会资本也紧随其后，对农业、农村的资本投入相对较少。一方面，农业风险大、收益低、资金回笼周期长，是具有弱质性的产业；另一方面，资本的逐利性特征导致大多数资本不愿进入农村和农业领域。这一配置结构导致城市在资本要素市场中占有绝对的优势，农村地区的资本要素多数外流到城市，农业部门在金融市场上竞争力不足。例如，成都市在 2009 年就发布了允许"三权"——土地承包经营权、集体建设用地使用权和农村房屋产权抵押的业务，但抵押额也很低。例如，2010 年，成都市崇州隆兴镇 100 亩农用地仅抵押贷款 16 万元，难以满足农业生产的需要。

在劳动力要素方面，城乡劳动力市场长期处于分割状态。改革开放以后，中国工业化、城镇化进程开启，大量农村剩余劳动力向城市转移。在人口按照户籍制度被划分为农业和非农业条件下，城市存在的一系列排他性的制度与政策，如社会保障制度、教育倾向性政策等都是偏向于非农户籍人口，使得农村劳动力在流动的时候受到极大的阻力，在就业时遭遇到了一定的歧视，并影响了职业生涯。农民工一般在 45 岁以后便逐渐被企业淘汰，如果按照城市正常的 60 岁工龄计算，就业工龄少了三分之一。[①] 四川省是劳务输出大省，大量农村劳动力向区域中心城市和中东部转移。未来随着这些外出务工人员老龄化，他们的生计将成为严重问题。与此同时，如前所述，四川农村空心化问题比较严重，耕地撂荒、抛荒现象比较突出，但单向度的劳动力要素流动使农村难以引进优秀的城市人才实现乡村振兴。

6.4　产销平衡现状与粮食主产区定位的矛盾

根据《国家粮食安全中长期规划纲要（2008—2020 年)》的划分标准，河北、内蒙古、辽宁、吉林、黑龙江、山东、河南、江苏、安徽、江西、湖北、湖南、四川这 13 个省（区）为我国粮食生产的主产区。作为全国粮食主产省和消费大省，涉粮经济在四川省稳增长、保民生中发挥着越来越重要的作用。

1995—2017 年四川省粮食作物种植面积总体呈波动下降趋势，1998 年粮食作物种植面积达 733.8 万公顷最高点后持续下降，2017 年四川粮食种植面积降至 629.2 万公顷。如第 5 章所说，四川省的粮食种植面积从 1998 年的 733.8 万公顷到 2017 年的 629.2 万公顷，数据虽然在大大减少，但四川农业气候总体适宜，危害四川的干旱灾害普遍偏轻，局部洪涝灾害影响有限，农业投入不断增加，科技兴农水平稳步提高，促使全省粮食单产水平提高，粮食总产量从 2010 年开始存在走高趋势，如今依然保持着稳中略增的走势。

2011 年后四川省粮食种植面积变化减缓，粮食总产量在 2016 年开始缓

---

① 黄奇帆. 结构性改革［M］. 北京：中信出版社，2020：65.

慢增加。四川作为我国西南地区的重要粮仓，在保障全省市场、本地区供应和工业等用粮的同时，每年还需向重庆、云南、贵州、西藏等周边省（区）提供大量商品粮，近年来四川粮食供需关系开始出现紧平衡，对四川粮食安全产生了不利影响。国家统计局公布的全国粮食生产数据显示，2019 年全国粮食总产量 66384 万吨，而 2019 年四川省粮食总产量 3498.5 万吨，作为我国的粮食主产区，四川产量占全国的 5％，与粮食主产区定位严重不符。

乡村振兴视域下四川省农业要素禀赋结构空间优化的体制机制

体制是由一定的规则、制度组成的规范体系，是规则、制度的具体表现和实施形式。机制则是通过制度系统内部组成要素按照一定方式的相互作用实现其特定的功能。"体制机制"强调的是规则、制度组成的规范体系如何通过一定的构造表现出其特定的功能。中共中央、国务院印发的《乡村振兴战略规划（2018—2022 年)》，中共四川省委、四川省人民政府《关于实施乡村振兴战略开创新时代"三农"全面发展新局面的意见》，以及《四川省乡村振兴战略规划（2018—2022 年)》等系列文件构成了四川省指导和实施乡村振兴战略的制度体系。本章将系统梳理这一制度体系，提出乡村振兴视域下四川省农业要素禀赋结构空间优化的体制机制。

7.1 优化农业要素禀赋结构空间布局的基本思路

7.1.1 推动城镇化和农业现代化相互协调

2019 年，四川省三产业结构为 10.4∶37.1∶52.5，根据钱纳里工业化阶段理论，处于工业化中期向后期迈进阶段，产业结构高度化仍有很大空间。2019 年四川省城镇化率为 47.69％，处于诺瑟姆曲线中的城镇化加速时期。因此，四川省委省政府做出判断，四川省仍处在工业化和城镇化的双加速时期。从目前四川省城市体系空间演化的结构来看，成都这个国家中心城市将继续扮演吸收来自四川省乃至西部各省市要素的核心角色，四川省其他区域的中心城市和城镇也将进一步扩张。未来四川省将建立起以城市群为主体形态，大中小城市、小城镇和乡村协调发展的城镇化发展格局。

上述发展趋势对四川省农业要素禀赋空间布局有三个方面的影响：

一是农业劳动力精简。在未来相当长的一段时间里，四川省域内仍然有大量乡村人口向各级城镇转移，特别是成都这个超大城市。根据四川省"十四五"规划，2025年四川城镇化率将比2020年高5个百分点，在当前人口增长显著下降的背景下，这些转移人口主要来自农村。这意味着大约有420万左右人口向城镇转移。尽管这些转移人口将以农村劳动力为主，但如果能够搭建合理的双向要素流动机制，反而会带来农业劳动力素质的优化。二是农业资本越来越丰裕。随着农业工业化进程，四川省要素禀赋将从劳动密集型向资本密集型快速转型，以成都为龙头的部分地区会进一步向技术密集型转型。资本密集型转型的特征会首先出现在工业部门和城市地区，进而在农业部门和农村地区出现。① 由于资本要素禀赋是资本与劳动力的比值，农业劳动力的减少也会客观上提高农业资本丰裕度。三是农业经营规模化。农业资本丰裕在推动农业部门应用更先进的技术和装备的同时，还将为农业规模经营带来契机。这不仅因为农业现代化技术天然具有劳动替代的特点，还因为大量资本下乡将为土地整理提供支持。携带资本进入农业的企业家们，还会为追求利润进一步推动农业社会化服务组织的形成。

基于上述变化，四川省提出了推动城镇化和农业现代化相互协调的发展思路。这一思路强调，要加快工业化、城镇化互动发展，进而提升城镇地区对乡村的反哺能力，强化对农业农村的辐射作用。其内在逻辑在于，城镇化发展将为农业提供生产空间、市场空间、乡村生活空间。

一是推动四川省城镇化，为农业提供市场空间。城镇化将显著改变居民农产品消费结构和对农业的功能需求。主粮消费会出现较大幅度下降，副食和其他农产品消费量将显著上升。同时，生态农业、休闲农业、观光农业、

① 罗浩轩. 中国区域农业要素禀赋结构变迁的逻辑和趋势分析［J］. 中国农村经济，2017（3）：46—59.

文创农业等农业新业态将会出现，满足城镇居民的需求。二是促进四川省农业土地规模化、农业资本深化，提升四川省农业现代化。在工业化、城镇化影响下，更多的乡村人口会向区域核心城市和各级城镇集中，农业土地规模化、农业资本深化迎来契机，农业生产效率会显著上升。三是为四川省乡村振兴提供契机。乡村现有格局将会发生重大变化。通过拆村并居，整合资源，乡村治理基础会极大改善，也为以城带乡、城乡互促和城乡融合提供条件。

不过，要实现这一思路，本研究认为，最重要的是要建立包括劳动力、资本和土地等要素在内的城乡发展要素双向流动机制。就劳动力要素而言，一方面要进一步引导农村劳动力向城镇集中，另一方面要为有志于发展农业、振兴乡村的高素质劳动力提供扎根农村的机会。这一机制的顺利建立，暗含了对户籍制度、土地制度改革的期许。就资本要素而言，未来要有序引导工商业资本向农业农村投入。但目前资本下乡面临投资成本高、回报率过低、资本道德风险高等问题，需要进一步破除体制机制障碍，加强对下乡资本的监管。就土地要素而言，要逐步引导土地向家庭农场、种粮大户、合作社等新型农业经营主体集中。这也需要对土地制度进行改革，降低土地流转费用，同时完善补贴制度，让补贴落到真正的"耕者"上。

7.1.2　在区域发展新格局中优化农业功能分区

2018 年，四川省委十一届三次全会正式提出了"一干多支、五区协同"区域发展战略，将其作为四川省今后一段时间的发展战略指引，为统筹推进四川省乡村振兴提供了基本遵循。"一干多支、五区协同"区域发展战略的一个理论逻辑，就是要充分利用经济集聚效应，特别是成都这个特大城市的经济集聚效应，提升经济效率，促进区域经济发展。有研究显示，成都这个区域中心城市在经济集聚效应下对周边城市发展起明显带动作用①。

从农业农村发展的角度而言，经济集聚析出了农村富余的劳动力，为土地规模经营和农业现代化发展奠定了基础。正如《四川省乡村振兴战略规划（2018—2022）》强调的那样，要"集聚人口和经济条件"，充分利用经济集聚带来的人口集聚和经济发展，为农业生产拓展空间。成都平原经济区整体经济发展水平较好，特别是成都市作为区域中心城市，早在2007年就获批设立全国统筹城乡综合配套改革试验区，各项改革试点都走在全国前列。未来可以围绕促进城乡融合发展，着力提高城镇化水平，借助资本要素相对丰裕的特点，率先整体实现农业农村现代化。川南和川东北地区应大力推进城镇基础设施和公共服务向农村延伸，着重探索丘陵地区、盆周山区的农业现代化发展路径。川西北生态示范区处于国家重点生态功能区，旅游资源十分丰富，可结合相关政策大力发展生态经济，促进全域旅游、特色农牧业和民族工艺等绿色产业发展。攀西经济区光照时间长，可以大力发展阳光康养项目和阳光生态经济，发展特色优势农业。

在"一干多支、五区协同"区域发展新格局中，四川省提出了"五大农产品主产区"的农业功能分区，并将其作为"限制进行大规模高强度工业化、城镇化开发的区域"，是四川省落实农业农村优先发展总方针的具体体现。这五大农产品主产区基本分布在成都平原区、川南经济区、攀西经济区，是四川省农业生产条件较好的地区，以提供农产品为主体功能。五大农产品主产区分别是盆地中部平原浅丘区、川南低中山区、盆地东部丘陵低山区、盆地西缘山区和安宁河流域。盆地中部平原浅丘区主要是以成都市为核心的城市区，重点发展都市农业；川南低中山区主要是川南经济区的农产品主产区，重点推动农产品优质原料基地和农产品加工一体化发展；盆地东部丘陵低山区是成都平原区东部地区，重点生产粮食、油菜等大宗农产品；盆地西缘山区对应成都平原经济区西部，是川西高原向四川盆地的过渡地带，重点发展茶叶、中药、水果等特色农产品和生态农业；安宁河流域地处攀西

① 罗浩轩. 内陆中心城市与周边城市经济发展的空间结构演化——以四川省为例［J］. 开发研究，2021（1）：10—18.

经济区，重点发展亚热带特色农业和立体特色农业。

《四川省乡村振兴战略规划（2018—2022）》还明确了"四区四基地"优先发展区域。"四区"为"全国农业绿色可持续发展示范区""全国农村一二三产业融合示范区""全国农村改革示范区""全国农业休闲养生示范区"。"四基地"为全国优质粮油产品生产基地、全国优质特色农产品供给基地、全国国家商品猪战略保障基地、全国优质农产品加工基地。"四区四基地"属国家农业发展战略在四川省的落地，体现了四川农业大省的特点。明确"四区四基地"优先发展区域，是四川省贯彻习近平总书记提出的"擦亮农业大省金字招牌"的指示，加快由农业大省向农业强省跨越发展的举措。

7.2 多措并举完善要素市场制度

促进农业发展和乡村振兴，离不开土地、资金、人才、创新等要素的持续注入和激活。四川省要推动农业要素禀赋结构的空间优化，必须要深化要素市场化，破除要素城乡流动的制度壁垒，营造创业创新的良好环境，激发各类要素融入乡村振兴的内生动力。

7.2.1 健全土地要素市场制度

土地是农业农村发展的核心要素，是盘活农业农村资源、激发农业农村活力的关键。要推动农业土地要素禀赋结构优化升级，离不开大规模的土地整治，同时应促进农村产权制度和土地制度改革，进而扩大土地要素流动范围。

1. 大规模推进土地整治

《四川省乡村振兴战略规划（2018—2022）》提出要全程全面推进机械化

发展。机械化本质上是资本对劳动的替代，除了客观上要求更多劳动力向非农部门和城镇转移，还要求土地能够规模连片，适宜机械化作业。大规模土地整治是实现机械化作业的前提。四川省地形复杂多样，不仅存在许多不宜使用机械化作业的耕地，还存在因制度导致的土地细碎化问题。为了解决这一问题，早在 2006 年，四川省就实施了旨在提升土地质量的土地专项整理工程——"金土地工程"，到 2015 年整理土地 1000 万亩，在整理项目区内建成 600 万亩高产、稳产基本农田，惠及约 800 万农业人口。2020 年，四川省发布《关于推进全域土地综合整治试点工作的通知》，开始推动全域土地综合整治，内容包括农用地综合整治整理、合理优化永久基本农田布局和推进闲置低效建设用地整治利用。这一举措无疑将大大优化土地要素质量和空间布局。

2. 促进农村产权制度和土地制度改革

四川省紧抓国家土地制度改革试点契机，率先启动农村承包地确权登记颁证、集体经营性建设用地入市、农村土地征收制度改革以及宅基地制度改革等试点工作，以土地制度改革引领和深化农业农村改革，推动城乡融合发展，促进乡村振兴与优质要素的有机衔接。

一是推进农村集体产权制度改革。在全面铺开农村集体资产清产核资和集体成员身份确认基础上，逐步完成农村集体性经营资产股份合作制改革。同时对农村各类产权进行确权、登记、颁证。目前承包地确权已经完成，逐步走向"房地一体"的农村宅基地、集体建设用地使用权的确权、登记和颁证。

二是推进农村土地制度改革。逐步推进农村承包地、宅基地"三权分置"。在推进承包地"三权分置"时，进一步落实第二轮土地承包到期后再延长 30 年的政策。对农户颁发土地经营权证，逐步实现农村承包地经营权的证券化，重点发展土地流转型、土地入股型、服务带动型等形式的适度规模经营。目前宅基地"三权分置"这一改革在成都市郫都区等地试点取得了经验：宅基地确权颁证做实了产权主体；将宅基地资格权与宅基地使用权分设，做到了动态调整宅基地使用权；同时还激活了闲置宅基地的潜能。郫都区经验下一步将在全省实施推广。

3. 健全农村土地交易市场，扩大土地要素交易范围

要实现土地要素优化配置，离不开健全的市场交易机制。党的十九届五中全会审议通过的《中共中央关于制定国民经济和社会发展第十四个五年规划和二〇三五年远景目标的建议》中提出，"健全城乡融合发展机制，推动城乡要素平等交换、双向流动，增强农业农村发展活力"。四川省应紧抓国家土地制度改革试点契机，按照国家关于统筹推进农村土地制度改革"三项试点"的要求，围绕"试制度、试机制、试成效"的思路导向，聚焦问题关键，多方协同配合，健全农村土地交易市场，扩大土地要素交易范围。

一是健全农村产权流转市场体系，完善配套措施和工作机制。在开展农村集体土地"清产核资"的基础上，全面完成对农村集体土地权属关系、存量基础和结构分布的摸底，明晰集体经营性建设用地供地地块，确保有序开发和合理利用；针对农村集体经济组织市场主体资格不足和能力不够的问题，大力发展交易中间人，实现产权主体和实施主体分离的土地交易市场主体结构；建立企业经营、村民自主开发、合作共建和政府主导的多维土地入市路径，打通"入市"最后一公里。

二是创新机制，扩大土地要素交易范围。根据经济地理发展特征，建立高标准农田建设等新增耕地指标和城乡建设用地增减挂钩节余指标跨市域省域调剂机制。为解决东部地区建设用地紧张，中西部地区发展和脱贫攻坚缺少资金的问题，2018 年开始"有条件"地推行跨省节余指标交易。2018 年3 月，国务院办公厅印发《城乡建设用地增减挂钩节余指标跨省域调剂管理办法》（国办发〔2018〕16 号），明确"三区三州"及其他深度贫困县增减挂钩节余指标由国家统筹跨省域调剂使用。2018、2019 年，东部八省份出资超过 1200 亿元，换来约 40 万亩城乡建设用地增减挂钩节余指标。这一举措不仅符合经济地理发展规律，还在一定程度上缓解了中西部落后地区发展、脱贫的资金短缺问题。未来应进一步完善这一机制的配套制度。

7.2.2　引导资本要素向农业农村投入

农业资本深化是农业现代化的重要特征。[①] 从现有的研究来看，农业要素禀赋结构升级趋势也是由劳动力要素丰裕向以包括土地在内的资本要素丰裕升级[②]。随着工业化、城镇化的快速推进，四川省农业发展也必然伴随着农业资本深化进程。那么，四川省农业现代化的"钱从哪里来"呢？根据《四川省乡村振兴战略规划（2018—2022 年)》部署，主要将通过财政保障、完善社会资本向农业农村投资模式和改善农村金融机构来实现资本要素引流。

1.　财政优先保障

党的十九大提出的乡村振兴战略，明确要求"农业农村优先发展"。而"农业农村优先发展"的重要保障，就是财政优先。因此，四川省建立了一系列机制，包括财政支农投入持续增长机制、省市县财政投入激励机制、土地出让收入调节机制、指标跨省域调剂机制、涉农资金统筹整合长效机制以及县乡村经费保障机制 6 个机制。

一是财政支农投入持续增长机制。在稳定现有各项农业投入的基础上，确保财政支农投入将根据经济发展水平不断增长，并将其作为考核干部成绩的重要指标。

二是市县多投入、省级多补助的激励机制。赋予县级财政支农资金自主权，省级财政根据县级财政支农水平予以补助，进而鼓励县级财政向农业农村倾斜。

三是土地出让收入调节机制。目前土地出让仍是地方政府的一大收入来

---

① 罗浩轩. 中国农业资本深化对农业经济影响的实证研究 [J]. 农业经济问题，2013 (9)：4-14+110.

② 罗浩轩. 农业要素禀赋结构、农业制度安排与农业工业化进程的理论逻辑探析 [J]. 农业经济问题，2021 (3)：4-16.

源。通过调整土地出让收入使用范围，明确收入投入农业农村的比重，确保财政支农的水平。

四是建立指标跨省域调剂机制。如前所述，中西部地区在 2018 年自然资源部开始"有条件"地推行跨省节余指标交易中尝到了甜头。在未来中国经济地理中，东部核心区的经济集聚效应依然会继续增强，建设用地指标紧缺。而西部地区特别是"胡焕庸线"以西地区，人口等资源会继续东移，农村建设用地会出现更多结余。为此，可以改进占补平衡和城乡建设用地增加挂钩制度，使土地指标能够跨省域流转，进而将所得收益更多用于农业农村发展。

五是涉农资金统筹整合长效机制。近年来，一些涉农的项目存在"规划与实施脱节、设施与产业脱节、建设与需求脱节"等矛盾和现象。许多涉农资金在使用过程中常常难以达到预期目的。由于资金量过小，"撒胡椒面"式的投入也难以有效果。因此整合涉农资金显得十分必要。宜宾市兴文县创新"五补五改"模式，在助力产业转型发展和助推脱贫攻坚主战场上释放出了财政资金的改革活力，提高了项目的综合效益和扶贫效益，值得推广。可以总结推广统筹整合使用财政涉农资金试点经验和财政资金的经验，建立涉农资金统筹整合长效机制。

六是建立县乡村经费保障机制。保障县、乡基本财力，特别是保障村级组织运转经费。早在 2009 年，成都就首开全国先河，将村级公共服务和社会管理经费纳入财政预算，并设计了农民主体的民主管理机制，目的是逐步平衡城乡公共服务的二元鸿沟，并取得了明显的效果。当前四川省各地可以根据自身财力状况，逐步将村级组织运转经费纳入财政预算，确保村级组织运转经费。

2. 完善社会资本向农业农村投资模式

仅仅有财政支持农业农村发展远远不够，特别是对于落后地区，财政本来就捉襟见肘，甚至存在较为严重的债务风险，更无法为农业农村发展提供资金支持。于是，创新乡村投资模式，积极引导各类投资和基金在农业投融资等方面的带动作用，成为实现农业资本深化的重要举措。

一是鼓励市县政府将上级政府转贷的一般债券用于支持乡村振兴和农业发展的公益性项目。市县政府充分挖掘公益性项目的收益并进行合理评估，逐步推动公益性项目的收益与融资成本的平衡，并发行专项债券。

二是建立乡村振兴贷款风险金制度。各地可以因地制宜决定乡村振兴贷款风险金的基本原则、奖补政策、支持对象、管理方式、风险补偿、绩效考评、职责分工等内容。应强调乡村振兴贷款风险金专项用于风险补偿，特别是乡村农业产业发展的风险补偿，不得调整、挪用、转移用于其他方面。这一资金使用应优先支持粮食生产、农村一二三产业融合发展、农村土地流转适度规模经营等。

三是完善政府和社会资本合作（PPP）项目价格和收费适时调整机制。要优化完善 PPP 项目价格的顶层设计、基本原则，建立健全 PPP 项目定价机制和动态调整机制，加强监管能力建设并对 PPP 项目完成后进行绩效评价。

四是探索农村小型公共基础设施村民自建激励机制。四川省早在 2012 年就开始推行农村小型公共基础设施村民自建，将过去由政府统筹自上而下的农村小型公共基础设施建设项目转变为自下而上的村民自建项目，并取得了良好的效果。目前可以总结推广农村小型公共基础设施村民自建的经验做法，逐步探索出激励村民自建农村小型公共基础设施的机制。

3. 完善农村金融服务机制

农村金融具有普遍缺乏抵押物，面临自然风险、社会风险和经营风险等多重风险，非生产性信贷比重高以及金融服务成本相对较高的四大特点，以致长期以来，农村金融不但未能发挥向农业农村"输血"的作用，反而不断"吸血"。要推动乡村振兴，必须充分发挥农村金融作用，完善农村金融服务机制。

一是要实现信息互通和融资对接。充分利用大数据、人工智能等信息技术，梳理乡村振兴重点项目和涉农企业的融资需求，依托货币信贷大数据系统做好资金供需双方的信息互通和融资对接。

二是要大力培育村镇银行、农村信用社省联社改革。推动政策性银行在乡村振兴中积极发挥作用，优化村镇银行布局和设立模式，稳妥培育村镇银行。落实地方政府监管责任，探索农村资金互助社、村级扶贫互助社和农民合作社内部信用合作等农村金融服务实现形式。推动农村信用社省联社改革，保持农村信用社县域法人地位和数量总体稳定。

三是要支持发展农户小额贷款、农业产业链贷款、抵押贷款试点、农村土地流转收益保证贷款、林权抵押融资等多种贷款方式。

四是支持地方法人金融机构发行"三农"专项金融债券、鼓励开展集体资产股权融资。健全农村金融风险缓释机制。形成省农担、市（州）农担、县农担的全省三级农业信贷担保体系。

五是建立健全农民信用联保制度，鼓励有条件的地区引入征信机构参与农村信用体系建设。

7.2.3　实现劳动力要素双向流动

改革开放以来，原有的城乡二元结构被逐渐打破，大量劳动力从西部向东部、从农村向城镇转移。但是，这一流动更多的是单向的流动，离开的也主要是青壮年劳动力，以至于农村出现了老龄化、空心化等问题。[①] 外出务工劳动力的后代也逐渐丧失了农业技能，农业发展面临后继无人的局面。四川省作为劳务输出大省，乡村振兴也面临着"人从哪里来"的问题。提升农业劳动力要素，重点在于"内育外引"，"内育"即充分挖掘乡村本地人才，提升素养以符合农业现代化要求；"外引"则要求建立更为开放的引人政策，吸引有志于从事农业的新型职业农民、农村干部和社会人才。

1. 实施更加积极、开放、有效的引人政策

导致城乡劳动力单向流动的原因，除了城乡差距大以外，还有现有的各

---

① 王国敏，罗浩轩. 中国农业劳动力从"内卷化"向"空心化"转换研究［J］. 探索，2012（2）：93－98.

种制度安排对城镇劳动力入村经营农业的排斥，比如非本集体成员很难获得乡村共同体的文化认同，也无法取得土地承包权。为解决这一系列问题，必须放开思路，创新乡村人才振兴机制，将优秀的人才引入农业农村。

一是积极培育新型职业农民。建立职业农民制度，着重培养符合爱农业、懂技术和善经营要求的农业骨干。同时，打造包括初级、中级和高级三个层级的新型职业农民教育培训体系。开放大学教育，建立面向新型职业农民的具有弹性学制的高等农业职业教育。

二是实施农业职业经理人壮大行动。随着现代农业发展，农业产业链会不断延伸，其迂回度显著增加，生产、供应和销售等各环节专业化程度会提升。这时需要更多的农业职业经理人。因此，可以以家庭农场、农民合作社等新型经营主体为载体，对农业职业经理人、经纪人予以政策扶持和激励，壮大农业职业经理人队伍。

三是实施新型职业农民制度试点。对于有志于从事农业的各类人才，应该敞开大门予以准入，以改变农业后继无人的局面。因此，有条件的地方可以建立新型职业农民准入制度，配套准入条件、生产经营和福利政策，吸引各类人才返乡下乡创业就业。

2. 打造农村专业人才队伍

把人才集聚到乡村发展的薄弱环节、瓶颈领域，才能发挥人才助力乡村振兴的最大作用。农业农村发展不仅要依靠广大农民，还需要有一支能够发挥引领作用的农业专业人才队伍。

一是建立一支年轻化、专业化、专家化的"三农"领导干部队伍。基层干部队伍是乡村振兴工作的骨干，要开辟优秀年轻干部来源，建立青年公职人员到乡村挂职制度、新进公职人员到农村开展定期服务制度。

二是培育农业科技、科普人才。加强涉农院校和涉农学科专业建设，深入实施农业科学家项目，招录培养高职（专科）技能人才，为农业农村发展培养专业化人才。

三是认定"土专家""田秀才"和农村家庭能人。充分发掘本地风俗文化遗产，建立培训体系，有意识地开展农民传统技艺培训。开设诸如乡村振兴讲习所、农民夜校等平台，开展农民喜闻乐见的培训活动，培育布鞋匠人、竹编艺人、蜀绣达人等乡村"土专家""田秀才""农能人"。

3. 引导社会人才流向乡村

农业发展离不开农业社会化服务体系，广袤的农村也需要更多有专业技能的人才参与建设。这在客观上需要运用社会各方面的力量，构建先进的社会服务网络，共同推动农业农村发展。

一是出台相应政策，吸引各类人才返乡创业就业。要让劳动力流向农业农村，仅仅靠"情怀"是不够的，需要有各类配套政策，包括市场准入、财政投入、金融服务、用地用电等方面的优惠政策，建立农业产业园，实现"筑巢引凤"。

二是引进专业化人才。许多专业化人才本身在城镇中有岗位和工作，因此可以推行"岗编适度分离"新机制，引导教育、卫生、农业、法律、文化等行业科技人员、专业技术人员向基层流动。

三是支持高校大学生返乡创业。充分利用大学生村干部和高校毕业生"三支一扶"计划，创造条件，吸引高校大学生特别是从本土本乡走出去的大学生返乡创业。

四是建立乡村人才援助机制。定期从省会城市和市（州）政府所在地选派优秀教师，医生，科技、法律和文化工作者等到乡村开展援助服务。研究制定管理办法，允许符合要求的公职人员回乡任职。实施专家下基层活动，组织专家到乡村开展智力服务。

7.3 加快市场各类主体培育

农产品市场运营的主体包括农产品的生产提供者、农产品的经销商和农产品的消费者。要培育好农产品市场主体，就必须结合其所在生产销售的不同环节所具有的特性有针对性地进行培养。

7.3.1 培育农业生产者新型管理理念

随着城市化进程逐渐加深，劳动力要素的不断转移，农村中出现劳动力老龄化、兼业化、农地无人耕种、差地种粮、农耕边缘化、农业中纯农户占比逐年降低等情况，不利于农业走向现代化。要发挥农业在国民生产中的重要作用，需要加快转变农业经营模式，抓住农业要素禀赋中的劳动力要素转移带来的土地要素大量闲置的机遇，加快推动农业治理模式的改革。党的十八大报告也明确指出，应该着力培育新型经营主体，发展多种形式规模经营，构建集约化、专业化、组织化、社会化相结合的新型农业经营体系。

四川省结合省内劳动力要素转移的现状，抓住农地这一培育新型经营主体的关键，下发政策不断调整土地产权结构，帮助有意愿的经营主体承包土地，并进行相应的补贴。当前已在省内形成了由家庭农场、合作社、种养大户以及农业企业构成的新型经营主体，未来应该进一步培养新型经营主体和纯农户的新型管理理念，同时进一步完善培育新型经营主体的农地政策，确保农地经营主体能够有效地获得农地经营权，推动农业规模化经营，并能顺利地利用农地经营权实现抵押担保，以保证培育的有效性。①

7.3.2 培育农业生产者绿色农业理念

从四川省农业要素禀赋结构来看，当前川内五大经济片区的资本要素均有增加。第3章测算结果表明资本对于劳动产出率的贡献可高达40.98%，因此在资本深化的背景下，四川省内大部分地区用农业土地装备率来推动土地产出率，即采取劳动替代型的农业生产方式。也有甘孜州、雅安市等少数市州，农业劳动力转移相对滞后。这些地区不得不采用土地替代型技术，通

---

① 任然. 新型经营主体培育视角下的农地政策研究 [D]. 雅安：四川农业大学，2017：1.

过施加化肥、农药的方式提高农业产出率。

第3章发现农业土地产出率与农地肥料集约程度相关性不大。因此要提高农业产出率，更重要的是要提高农业土地装备率。但是当前农业生产化肥投入偏向导致的农业用地和农产品污染的现状，对农业增长的阻滞作用已越加显著。环境污染导致实际农业产出与潜在产出间存在差距，环境退化已经成为中国农业增长的一大障碍。[①] 这在客观上要转变农业生产者的观念，但是农民并不会自愿地采取环境友好的农业生产经营方式。所以政府应该就绿色农业生态产品进行政策上的补偿，向农业生产者传递绿色农业的理念。农业绿色化发展是更加注重资源节约、环境友好、生态保育和产品质量的农业发展过程。要想实现农业的可持续发展就要走绿色农业的发展道路。在理念宣传的过程中要树立典型，可以将成都市和宜宾市作为生态农业推行的试点地区。这两个城市作为所在经济片区的核心城市，资本要素丰富，土地装备率高，最重要的是研究发现这两个地区的农地肥料集约程度与农业土地产出率呈负相关关系，具有典型性。通过试点得到生态农业生产经验，将有助于在全省范围内深化对生态农业和绿色农业理念的宣传。

7.3.3 培育农产品经销商组织化管理理念

当前农业市场依旧存在产销脱节的情况，培育市场主体不仅要培育农产品生产者，还要培育农产品经销商，提高两者在市场化过程中的组织化程度。农产品生产者通过成为新型经营主体，已经在逐步组织化，产销也逐渐走向一体化。农产品经销商从出现就承担着"一条纽带、一座桥梁"的作用，将农民与市场衔接起来，有效地解决了农民生产与市场脱节的问题。但是农产品经销商同样要增强组织化管理，才能扩大营销规模，提高交易效率。为解决当前供销双方因为市场竞争而形成的自我保护机制，以及经销商追逐利益而隐瞒信息、组织松散、内部管理不当等问题，更好地规范产销双

---

① 夏胜. 资本深化、禀赋结构的农业生产效率影响研究［D］. 杭州：浙江大学，2018：32.

方的市场行为，就需要成立新型农民经销合作组织。政府的外部监管与组织的内部管理相结合，促使产销双方形成一种稳定的购销关系和相互间的约束机制，从而使得双方能较好地协调并联合起来，共同应对市场给农业生产带来的风险。结合当前电商行业发达的状况，可以建立多元的产销一体化经销合作组织，为此政府应该尽快完善线上经销组织的相关管理、扶持政策及市场准入机制。只有解决好农产品销售问题，才能更好地调动起农民生产的积极性，带动农民增收致富。形成经销合作组织，还可以解决因土地集约化而产生的剩余劳动力的就业问题，通过农村劳动力就业反哺农业，形成良好的农业发展环境，推动农业进一步走向现代化。

7.3.4　培育农产品消费者健康消费理念

近年来，由于只注重农产品"量"的生产而未注重绿色生态可持续的"质"的生产，农民不科学的种植，包括大量使用化肥等方式，不仅使得农产品安全问题频发，还使得农业生态环境遭到污染和破坏。随着社会主要矛盾的转变，人们越来越追求美好幸福的生活，对于农产品的需求也出现了由量到质的转变。农产品市场逐渐转为买方市场，供给约束型农业转变为需求约束型农业。所以需要调整农业和农村经济结构，应该看到当前农产品生产中最重要的不是看生产，而是看什么符合消费者喜好，怎样才能将产品卖出去，归根到底要由消费者说了算，这标志着消费者在农业再生产过程中居于主导地位。

此外，农业产业现代化也需要农产品实现从"产品"到"商品"的转换，市场的参与能充分激发生产的活力，消费者也有了更多的购买自主权。在此背景之下，为更好地解决农产品质量安全问题，需要消费者树立绿色消费理念。可以通过市场倒逼农产品绿色生态环保的生产，同时也要确保生态农产品在市场上能够被消费。可以看到，长期以来由于农产品质量信息的不对称，往往出现"劣币驱逐良币"的现象。农产品识别成本高、难度大成为阻碍真正优质的农产品销售的难题。在农产品市场上不仅要培养消费者形成对农产品的认知能力，更要加强对农产品市场的监管，建设相应的基础设施，帮助真正高质量的绿色农产品出现在消费者眼前，以满足消费者对于食品质量安全的需要。只有市场需要，且消费者对生态农产品有认知，农业生产者才会愿意应用内源技术①为消费者提供真正的包括绿色食品和有机食品等在内的无公害农产品，从而改善农业生态环境，真正发展生态农业。

---

① 农业生产内源技术，是指可以增强生态系统产出能力且无污染的技术，它以糖（碳水化合物）代谢为中心，可再生、无污染，利用而非取代自然生产能力。

第8章

乡村振兴视域下四川省农业要素
禀赋结构空间优化的政策体系

自"三农"问题提出以来，农业农村地区的经济社会文化发展离不开各项有关"三农"问题的政策的颁布和实施。同样的，四川省农业要素禀赋结构的空间优化离不开政策的支持与引导。因此，从乡村振兴视域观照四川省农业农村发展具体情况，以改善农民生活水平为落脚点，以优化农业要素禀赋结构空间为目标，提出相应的政策建议就显得十分必要。

8.1 制度基石：建立完备的产权制度和推动户籍制度改革

完善产权制度和推动户籍制度改革是推动四川省农业要素禀赋结构空间优化的重要保障。随着我国经济体制改革的深化，过去的产权制度在某些方面已经不适合当前的实际发展情况，制约农村经济持续协调健康发展，而户籍制度严重阻碍了劳动力的自由流动，限制了农业人口的发展。所以首先应该完善产权制度，推动户籍制度改革，扫清发展障碍。

8.1.1 完善产权制度

1. 坚持和完善适合国情的农村基本经营制度

实现农村土地资源的优化配置就必须要对农村土地产权制度进行优化。

目前，我国农村土地产权制度仍以家庭联产承包责任制为基础，党的十九大报告明确提出，"巩固和完善农村基本经营制度，深化农村土地制度改革，完善承包地'三权'分置制度，保持土地承包关系稳定并长久不变，第二轮土地承包到期后再延长三十年"①。坚持党的农村政策，就必须坚持农村基本经营制度。

面对我国农村土地产权中存在的不合理之处，首先要完善相关法律体系，依靠法律规范农村土地所有权的主体，明确农村集体所有权中"集体"所代表的深刻含义。马克思在《论土地国有化》一书中提道："社会的经济发展，人口的增加和集中……将使土地国有化越来越成为一种社会必然性。""社会运动将作出决定：土地只能是国家的财产。"②虽然我国正处于市场经济转轨的攻坚阶段，社会各方面出现问题的解决难度加大，但我国仍是一个社会主义国家。因此，要继续坚持马克思关于土地所有权归国家的中心思想，充分发挥国家对于农村土地改革的宏观调控和政策引导作用。对于农村土地集体所有这一概念，2015年中共中央在《深化农村改革综合性实施方案》中提出："落实集体所有权，就是明确界定农民的集体成员权，明晰集体土地产权归属，实现集体产权主体清晰。"③农村集体产权的主体越清晰，农村的市场活力越强。同时，中央积极推进农村集体土地确权登记发证工作，确权登记这一有效方式对土地权争议问题的解决起到了良好的推动作用，维护了农民的权益，促进了社会的和谐稳定。此外，还应对农村集体土地产权权能和内容做出具体详尽的解释。改革开放之后，我国实行以家庭联产承包经营为基础，土地所有权归国家或集体，农民拥有土地承包经营权的"两权分离"制度。当前，农地产权制度做出新的调整，即落实集体所有权、稳定农户承包权、放活土地经营权，这也成为探索农村土地集体所有制的有效方式。这种三权分置的格局符合地方实际和现代化的需要，适应了农村生产力发展的新要求，能够切实维护农民的土地权益，提高劳动者的生产积极

---

① 党的十九大报告（辅导读本）[M].北京：人民出版社，2017：31.

② 中共中央马克思恩格斯列宁斯大林著作编译局.马克思恩格斯选集：第3卷[M].北京：人民出版社，1995：127，129.

③ 中共中央办公厅，国务院办公厅.深化农村改革综合性实施方案[Z].2015-11-02.

性，并最终促进农村经济的发展。

2. 转变土地流转方式，开展适度规模经营

推进土地规模流转，构建新型农业经营体系，已成为发展现代高效农业的必然趋势。当前，大量农村户籍人口进城务工导致土地荒废，无人耕种，将农村地区荒废的土地进行充分利用，将土地资源集中起来，发挥其更大的价值和作用，推动农村经济发展，土地流转至关重要。目前土地流转主要有五种形式：委托耕种，即农民将土地临时交给他人耕种；转让，即在农民死亡、绝户或者户籍转移的情况下，自愿放弃土地承包权；土地互换，即在有需要的情况下用自己其他地方的承包权换取一个地方的承包权，主要有土地范围内交换和荒地范围内交换两种形式；租赁，即农民将自己的土地租给别人进行生产经营；土地入股，即农户将自己的土地承包经营权作为股权加入农业合作生产。

但是流转中存在的问题及风险值得引起注意。农村土地流转主要有三大问题[①]：第一，市场与监管机制不完善。首先是缺乏规范的市场流转机制。当前土地流转市场化水平不高，缺乏政府的引导，信息传播也不通畅，在这种情况下，农民成为土地流转的弱势方，农民土地流转的权益难以获得保障。其次是监管机制不够完善。大部分的农村地区并没有专门的土地流转平台与监管机构，土地流转的程序和方式也缺乏实施细则，在政策和流转用途方面仍然存在很大问题。第二，普遍规模化流转难以实现。虽然在国家和地方政府的一系列政策支持下，农村土地流转的活跃度提高，但是土地流转规模仍然不大，仍然呈零散化状态。土地流转信息的渠道也不够畅通，导致土地供求信息不对称，不能广泛调动社会资源。第三，没有足够的保障机制。由于土地流转涉及的主体较多，在流转的过程中不免存在运作程序不规范、土地收益保障机制不完善等问题，难以保障农民自身的权益，而且在流转过程中，一旦经营主体出现经济上的困境，流转土地的农民也自然会受到

---

① 王薇，马慧芳. 新型城镇化背景下变革农村土地流转的方式［J］. 农业经济，2019（3）：91－93.

影响。

面对这些亟待解决的问题，首先是要健全土地流转的市场机制以规避流转风险。一是要建立市场流通机制，完善定价服务，建立起一套合理的参照标准，防止流转双方因为价格制定标准不对等而发生纠纷。二是完善土地流转的审查监督制度，在土地流转前对用地规模、资金、流转土地规划布局等加以评估，降低流转的风险。三是完善工商业资本退出机制，通过对退出成本，包括危害粮食安全、损害农民权益而产生的土地改造、复耕费用的合理测算，要求工商资本退出后给予一定的补偿，并对其投资农业失范的行为予以披露。①

其次是要改善土地流转的外部环境，切实加快建设土地流转中介服务体系。一是大力发展各类中介组织，比如土地流转咨询、资产评估等，为流转土地的农民提供相应的服务。二是要搭建好土地流转平台，通过平台进行信息的多方沟通，提高业务办理效率。三是要建立长效保障机制，在土地流转之后，由于流入方的投资可能面临一定的风险，这样的风险又大都会转嫁给流出方的农民，所以长效保障机制的建立十分必要。可以通过出台相关的政策保障农民在土地流转之后的各项权益。

8.1.2　改革户籍制度

1. 积极推进户籍人口城镇化

我国的户籍制度形成于 20 世纪 50 年代，目的是确保国家能够单向从农村转移农业剩余劳动力到城镇。这样一来，就在城镇、农村分别形成了两种不同的利益分配体系。城镇户籍与教育、医疗、就业等福利紧密相连，是国家通过财政补贴的福利体系。而农村户籍的利益主要是通过农地、村集体收

---

① 刘润秋，李鸿，张尊帅. 工商资本投资农业的土地退出机制研究［J］. 贵州财经大学学报，2018（1）：39-46.

益予以保障。在"价格剪刀差"的强制性政策下，农村户籍的利益要低于城镇户籍的利益。改革开放后，虽然逐步放开农村户籍人口向城镇的自由迁移，但是也并没有完全改变既已成型的城乡之间的户籍利益格局。

积极推进户籍人口城镇化是实现城乡融合发展的重要环节。城镇化不仅仅是城镇人口占全国总人口的比例越来越高，更重要的是城镇空间扩大，城镇的规模更大。但不管是城镇人口比例的提高，还是城镇空间的扩大，必然会涉及现行的土地制度，在当前的情况下，只有加快城市化进程，提高我国的城市化水平，才能真正实现乡村振兴。

2. 推进非户籍人口落户城市

改革开放以来，在长期的城市建设过程中，大量劳动力从乡村向城市流动，从欠发达地区向较发达地区流动。数量庞大的进城务工人员面临着"进城容易，留城难"的问题，并且传统的城乡户籍制度对于居民享受基本公共服务具有重要影响。城镇人口由于居住在较为发达的城镇，又有国家财政予以支持和补贴，所以在教育、医疗、就业等方面有更多的优势，而农村人口由于地域等因素的限制，在基本的医疗、教育、就业等方面能享受到的福利远少于城镇人口。

在这样的情况下，推进农村户籍人口落户城市的改革尤为重要。让农民工落户城市，是缩小基本公务服务差距的有效路径。当前，我国农民工落户政策实施已经有了初步的成果，各地纷纷降低或者取消落户限制，但是由于各个城市的实际情况不同，落户政策也相应地有所不同。具体表现为两方面：一方面是积分落户制度，如北京、上海等地实行积分落户，对高端人才予以落户优惠；另一方面是在同一个城市不同区域设置不同的落户门槛，如哈尔滨实行"双轨制"落户政策，对主城区的人口实行适当的控制，降低郊县等地的落户门槛。推进非户籍人口落户城市，使更多的人享受到了城市发展带来的红利，在很大程度上破除了城乡壁垒，促进了农业要素禀赋结构空间优化。

3. 形成城乡之间不同功能的优势互补

当前，要把户籍改革作为社会体制改革的重要内容，以此推进农民工落户政策的实施。城镇化的主体和核心是人，在推进城镇化的过程中，应该降低农民对土地的天然依赖，让农民有更多的意愿和动力进城落户。解决土地流转中的定价问题、进城落户和资产变现问题，同时重视土地权与身份权的关系问题。从教育、医疗卫生、就业等方面入手，为"农转非"打好基础，让农村户口人员放心来到城市而没有太多顾虑。

不同的城市需要提出不同的战略。对于特大城市、大城市而言，可逐步放开落户的限制，出台一些相关政策保证有能力落户的群体有途径落户，之后再逐步扩大到农民工群体。对于中等城市而言，则是要降低落户门槛，让更多的农村户口的劳动者能够达到落户条件，同时积极开发当地的特色产业，在促进城市经济发展的同时，增加更多的就业机会，吸引农民工进城落户。

在经济社会发展的过程中，城市和乡村不可分割，是一个命运共同体，我们既要建设城市，又不能忽视农村，只有在城乡之间找到平衡，优势互补，才有利于整个国家的向前发展，有利于推动国家的现代化进程。

8.2 机制约束：农业农村优先发展机制

改革开放 40 多年来，我国的社会、经济等方面都发生了深刻变化，被称为"中国奇迹"，但是农业农村发展却相对滞后。我国要实现的社会主义现代化是方方面面的现代化，不能落下农村地区，所以在当前的乡村振兴战略下，推动农业要素禀赋结构空间优化的当务之急是实现农业农村的优先发展，这也是形势所需、群众所盼。

8.2.1 规制资本下乡

城市资本驱动乡村发展也即"资本下乡"，已经成为政界、学界乃至工商界近年来重点关注的话题。早在 2008 年十七届三中全会，国家就提出了鼓励龙头企业资本与农民建立紧密型利益联结机制。2013 年中央一号文件明确提出鼓励和引导城市工商资本到农村发展适合企业化经营的种养业，在之后历年的中央一号文件以及十八届三中全会报告中都提出鼓励工商资本下乡，完善、规范资本向农业输入现代生产要素和经营机制。在国家鼓励下，资本下乡来驱动乡村发展成为国家试图统筹城乡、反哺农业的重要抓手，也成为乡村吸引城市资本、分享城市红利从而带来乡村复兴的重要机遇。面对如火如荼的资本下乡，虽然部分学者从经济发展的规律出发，认为资本可以也必然和农民结合实现双赢，但是更多学者提出由于缺乏完备的资本引导与监管机制，城市资本驱动既是乡村复兴的机遇更是对乡村发展的挑战。

资本带动乡村发展的过程，也可能是一个资本"入侵"农业受到伤害的过程，失去控制的"资本下乡"会造成资本吞没小农、小农排斥资本等后果。资本如果无序扩大，将会使农民失去他们的土地和传统生产方式，取而代之的是吞掉小农的大规模资本运作。城市资本所代表的激进的现代模式消解了乡村社区集体原本式微的庇护作用和土地的传统保障作用，可能使农民成为无处落根的边缘人，并带来村社利益格局的剧烈变动。这既对乡村治理造成危害，同时由于资本的非农化倾向，也会影响到国家的粮食安全。归结起来，在这种情况下，资本驱动会变成资本"入侵"，"资本下乡"会成为新一轮圈地运动。

面对资本下乡可能带来的风险，规制资本下乡变得越发重要。既需要自上而下的资本投入与监管机制的建立，也需要自下而上的乡村自主发展与治理体系的完善，以构建统筹、协调乡村多元发展的乡村复兴模式。

首先，建立规范的资本投入与运作监管机制。资本下乡本身并不可怕，可怕的是对资本缺乏监管与指导、对农民权益没有保障的资本下乡，尤其面对资本投入后土地经营非农化、土地破坏、农民权益受损等现象，必须加大法律政策监管力度，约束资本的"越位"行为，必须进行规范的资本投入与运作监管机制建设以及基层的监督平台建设，以确保农村、农民利益不受侵害。

其次，完善乡村治理体系，提升乡村治理能力。完备的治理体系可以使乡村更自如地应对资本，将被动"输血"转化为主动"造血"。但是我国的乡村治理相较于城市治理较为落后，尤其在近几年乡村衰落、空心化的形势下，乡村治理更是显得力不从心。然而，在大量资本进入乡村的状况下，治理体系的缺乏致使乡村极易受到资本的冲击，更为严重的还可能导致乡村被资本吞没。因此，应借鉴发达国家的乡村建设经验，通过乡村规划来规范引导产业、空间发展方向，通过基层农村自治组织构建乡村治理体系，通过社区营建的理念来激发村集体的治理能力。以治理促产业，从而进一步带动乡村的可持续发展，实现真正意义上的乡村复兴。

8.2.2 培育新型职业农民

我国农业人口数量众多，素质有待提高。在这种情况下，如何培育出更多的新型职业农民至关重要。新型职业农民不仅是推动农业发展的内在动力，也是推进农村改革的重要因素。

首先，培育新型职业农民的重心应放在有一定产业基础的专业大户、家庭农场、农业合作社、农业企业等新型农业经营主体上。新型农业经营主体的特点可概括为适度规模的专业化生产、集约化经营和较高的市场化程度。适度规模的专业化生产是指新型农业经营主体的经营规模要大于传统农户家庭经营的规模，通过专业化的农业生产来实现对各种生产资源的充分利用，获得规模经济效益。集约化经营是指相对于传统的小规模家庭经营而言，新型农业经营主体的物质装备条件、生产技术和经营管理水平较高，可以实现对生产资源要素的集约利用，进而提高农业生产的劳动生产率和土地产出率。市场化程度高是指新型农业经营主体的农产品商品化率和经济效益都要明显高于传统的农户，新型农业经营主体依照市场的产品需求来安排农业的生产活动，实现和市场的有效对接，使产品都能够进入市场，获得较高的经济效益。

其次，要基于新型农业经营主体的特点和优势完善人才培养体系。应建立合作社带头人人才库，建设合作社人才培养实训基地，加强龙头企业负责人培训，注重对农业工人、农业雇员、小农户等群体开展专业技能培训，完善新型农民培养体系。应加大对传统农民的培养和改造力度，加大对返乡农民的创业培训，完善农村教育体系，整合农业职业教育资源，强化扶持政策。应鼓励各类人才领办和参与新型农业经营组织，吸引毕业生兴办家庭农场和农民合作社。

再次，要健全配套扶持政策，加大财政扶持力度。应健全农业补贴增量主要用于支持新型农业经营主体发展的政策体系，明确家庭农场与农户享受同等的税收政策，完善合作社、龙头企业、农业经营性服务组织税收优惠政策，把合作社作为单独纳税主体列入税务登记。

最后，要鼓励金融机构开发订单质押、农产品预期收入质押、大型农机设备抵押、畜禽圈舍抵押等能满足新型经营主体需要的金融产品，鼓励各地建立由财政出资的农业担保公司，为新型经营主体提供贷款担保，大力推进农业保险事业发展。

8.2.3　推动土地整理

土地在经济社会发展中的基础作用、动力作用与制约作用，在我国高速发展的新时期尤为突出。在保护耕地总量在18亿亩红线之上的前提下，既要满足现代化建设用地需要，又要努力实现动态平衡，因此实施农村土地整理，挖掘各种土地资源、提高土地质量，是当前最有效的举措。要实现乡村振兴，必须有效利用农村土地。农村土地整理孕育、催生、激活与优化了蕴藏在农村中的各种资源，可以使乡村振兴具有坚实的物质基础。

首先，可从土地分类整理入手，将其分为优质耕地的整理、村庄及周边闲置废弃耕地的治理以及特殊地块的整理，提高土地产出效益，实现当地生态的多样性。

其次，对农村土地进行功能规划。土地整理的根本目的是通过功能定位和科学规划来挖掘土地更大的潜力，实现土地高产、特色作物的种植与现代化经营模式的运用等。科学规划是能否真正把土地的潜力转为现实生产力或其他能力的关键，包括根据地势等情况科学规划各种功能区；根据地质情况进行规划，在整理过程中全面掌握整理土地土壤的成分，种植适宜作物，开展规模化产业化特色种植，生产出具有高度市场适应性、能满足市场需求的品牌产品；根据发展潜力进行规划，把包括农田在内的农村看作一个整体，宏观地规划农村土地的用途。

再次，对农村土地进行产权改革。根据当前农村土地产权实际，产权改革可以采取下列形式：其一，家庭包干产权向集体产权过渡。其二，原始承包产权向二次承包流转过渡。其三，土地附属产权确权。建立农村生态环境要素补偿机制。

最后，加强对农村生态补偿机制的建设是当前农村土地整理中生态环境资源优化整合的应急、有效与公平的手段之一。一是土地保护补偿。主要是耕地保护补偿、山林或林地保护补偿、水源地与渔业用地保护补偿。二是耕地修复治理补偿、被污染耕地治理补偿。农村土地的污染一般分为直排污水的河流沿岸村庄与农田污染，矿区的重金属污染，有毒有害工业废料恶意倾倒或排放污染三种。在各种自然或物理化学条件下，污染元素的迁移不仅污染了地下水源，也严重威胁了农业生产。

对于四川地区来讲，因为多丘陵的地理环境特征，土地整理工作有其特殊性，涵盖坡（地）改梯（田）、格田整理、生产道路建设等内容，土地板块相对较小，对规模化耕作不利。在土地整理过程中，可根据特殊的地形地势条件，打造丘陵地区特有的景观，注重区域生态环境的保护与土地利用效益、景观效益的综合提高。

8.2.4　严格土地管制

2019 年 11 月 1 日，中共中央办公厅、国务院办公厅印发了《关于在国土空间规划中统筹划定落实三条控制线的指导意见》，提出了三条控制线，即生态保护红线、永久基本农田、城镇开发边界，为保证这三条控制线，提出了"划定永久基本农田"，以保障国家粮食安全和重要农产品供给。

这就存在一个土地管制问题。对于土地管制，首先要建立系统性的土地利用管制法律制度，定义土地利用权利，制定并完善城市土地、农村土地的规划、许可、流转等一系列的土地利用管制手段，并制定严格的土地利用管制程序，以程序扭转管制手段在实施中的软弱现象。其次，完善管制制度，提高土地利用规划的精细性及刚性，建立开发权转移制度以保护农民权益，引入开发时间管制。再次，增加管制工具的供给，主要是人口控制、替代支付、行政合同、综合管制、特许制度、区域间优惠和绝对控制。最后，管制与放松管制相结合，以有效提高管制的效率。为实现土地利用管制中的目标控制，政府必须强化管制手段，而严格的管制最终就是政府对土地利用的完全控制，但是对所有的土地利用活动进行管制势必增加政府的行政成本，而且也难以完成管制所有土地利用活动的任务。因而，为了减少政府管制的成本，对一定程度内的土地利用可以不实施管制。

8.3　权力嵌入：推动国家政策落地

好的政策离不开有效的贯彻和执行，政策执行作为政策内容现实转化的中间过程，是最为关键的一环，只有政策落地有效实施，政策才具有生命力，才能真正发挥作用。

8.3.1 保障国家粮食安全

民以食为天，粮食安全事关民生，事关国家安全，我国《国家安全法》明确规定"保障粮食供给和质量安全"。以习近平同志为核心的党中央提出"确保谷物基本自给、口粮绝对安全"的粮食安全观。粮食安全之所以至关重要，是因为粮食安全问题"兼具防御型安全和管理型安全"双重特征[①]。防御型安全是指处理人为的、带有主观胁迫意图的威胁和安全事件，管理型安全是指处理非人为的事故或者风险。正是由于粮食安全在国计民生方面的重要性和粮食安全问题本身所具有的双重特征，保障粮食安全显得至关重要，如何保障粮食安全也成为一个长期存在的，需要不断创新解决的问题。

保障粮食安全，首先要守住18亿亩的耕地红线绝不动摇。《全国农业和农村经济发展第十二个五年规划》要求我国的耕地面积必须保持在18亿亩以上，为保证这个耕地红线，要坚持粮食安全省长责任制，并将其作为年度考核的重要依据，以切实长效地保持粮食安全。

保障粮食安全，其次要大力支持农业领域相关科技的发展。科学技术是第一生产力，要在投入不变的情况下，通过科学技术的进步来提高粮食产量。同时要提高机械化耕种水平，提高防治病虫害的能力，推动农业企业与高校研究所合作，建立国家重点实验室等农业科技创新平台，推进产学研深度融入，实现国家农业现代化，让科技成为保障粮食安全的"推进器"。[②]

保障粮食安全还不能忽略良好的体制机制。应推动构建农业基础设施稳定投入机制：一是加强农田水利基础设施的建设，提升物质装备能力；二是加强水电路基础设施建设，推进粮食生产的机械化耕种，确保粮食生产过程中不再一味地靠天吃饭，夯实我国粮食安全的基础。[③]

① 冯维江. 保障国家粮食安全是一个永恒课题 [J]. 人民论坛，2019 (32)：20—21.
② 刘云. 全面提升保障国家粮食安全的能力 [N]. 经济日报，2020—04—02 (11).
③ 蒋和平，尧珏，蒋黎. 新时期我国粮食安全保障的发展思路与政策建议 [J]. 经济学家，2020 (1)：110—118.

保障粮食安全，最重要的是推进粮食从产到销的治理现代化。要构建粮食质量安全相关法律法规和标准的规范体系，推进有关粮食安全的立法工作，通过法律来保障粮食产销全过程的安全，形成从田间到餐桌的完整的食品安全规范，在粮食生产、分配、交换、消费等环节用法律来规范约束各方行为等。要完善以绿色生态为导向的农业补贴政策，不仅要对绿色农业、环境保护、轮作休耕等进行"绿箱"政策补贴，还要促进农业生产向着高品质、高附加值的方向发展。要构建覆盖全过程的农产品质量安全责任追究制度，设置、明确企业食品安全的首要责任人，并引入第三方机构对农产品安全进行检测、监督，以保障老百姓餐桌的粮食安全。

8.3.2　城乡发展补偿

在长期的社会发展过程中，由于城乡二元体制，城市获得的资源远远多于乡村，乡村向城市输送大量青壮年劳动力，相应地出现"留守儿童"和"留守老人"问题。在很长一段时间内，可以说是乡村哺育了城市。农民在教育、医疗、养老、就业等方面享受的权益少于城市人口。

仅仅强调机会均等并不能消除已经产生的各方面的不均衡，要想真正实现"发展成果由人民共享"，就要对乡村、对农民有更多的补偿机制和政策，其中最重要的是教育补偿。教育是使社会阶级流动的重要动力之一。长期以来，农民以及农民子女的受教育权利保障不够充分问题比较突出，虽然国家出台了许多政策促进农村教育的发展，但是农村教育问题还是值得关注。应对农村教育进行补偿，首先，农村学校可以和城市学校建立远程教育合作，让农村孩子也可以享受到和城市学生一样的师资力量、教学水平，同时远程教育平台也能够帮助农村学生开阔眼界，提高他们的综合素质。其次，鼓励更多优秀青年教师下沉到农村、乡镇，同时保障农村教师的各方面权益，让更多的年轻人更有下沉到基层的信心和动力。最后，国家财政向农村教育倾斜，保证农村孩子不失学，有更好的学习环境、更多的学习器材。

除了教育补偿，医疗卫生补偿也十分重要。长期以来，农村地区的医疗卫生条件都远远落后于城市地区，农村医疗卫生资源匮乏，缺乏专业技术人才，"看病难"一度成为热门话题。对此，首先，政府要加大对基层医疗机构的投资力度，解决农村医疗卫生基础设施严重不足的问题，使农村地区的卫生室也能够有比较完备的医疗设施。其次，加强农村医疗卫生专业人才队伍的建设，引进更多的优秀人才，同时用更大的补偿力度留住人才，满足农村地区人民群众的医疗卫生需求。最后，要提升农村医疗信息化管理水平[①]，将信息化运用到农村医疗卫生服务中去，提高农村医务人员运用信息化手段的能力。此外，农村地区的医疗信息化应与城市接轨，比如实施电子病历共享等，使城乡之间的医疗信息能够交互共享。只有这样多管齐下，才能更好地促进农村医疗水平的提升。

---

① 游美佳，高晨光. 新医改下农村医疗卫生服务现状及对策 [J]. 传播力研究，2018（2）：201—203.

结论与建议

本书以习近平新时代中国特色社会主义思想为指导，在乡村振兴视域下，依据马克思主义关于农业和农民问题理论，新经济地理学、新结构经济学相关理论，综合出了以"市场驱动—要素流动—经济集聚—政策引导"为线索的农业要素禀赋结构空间演化框架。基于这一分析框架，运用计量经济学方法，对2005—2017年四川省21个市州的农业要素禀赋结构空间演化的逻辑、趋势和绩效进行了分析。研究结论如下：

（1）理论推导表明，农业要素禀赋结构空间演化深受经济集聚效应形成的"核心—边缘"结构影响。内陆中心城市与周边城市空间结构通常按照"核心—边缘"结构的模式演化。①在这样的模式下，周边地区的大量农业劳动力会不断向中心城市和区域外的发达地区转移，进而使农业劳动力数量持续下降。②当工业化、城镇化发展到一定阶段，国家和社会资本有条件反哺农业农村，大量部门资本和工商业资本将下乡，从而使得农业资本深化程度加深。③农业劳动力数量持续下降和农业资本深化程度加深将促进农业要素禀赋结构升级。④城镇化的发展将促使城市建设用地不断扩展，进而使农用地被占用，土地要素投入会相应减少。

（2）四川省绝大部分市州农业生产方式走了一条机械替代劳动的发展路径。最近十几年来，四川省农业发展态势良好，农业土地产出率、农业土地装备率都有所提高，并带动了农业劳动生产率的大幅提升。农业劳动生产率的提升主要有两种途径：一种是在土地资源相对丰富的区域，通过提高土地装备率来提升；一种是在土地资源相对稀缺区域，通过提高土地产出率来提升。测算结果表明，四川省绝大部分市州是通过提高农业劳动机械装备率而非加大农地肥料施用量来提高农业劳动生产率的。

（3）成都平原经济区的快速发展使得劳动力和农地要素禀赋迅速下降，而周边市州则更多地承担起了农业发展功能。从对四川省农业劳动力要素结构指数、农业资本要素结构指数和农地要素结构指数的计算结果来看，四川省域内已经形成了与克鲁格曼的"核心—边缘"模型基本吻合的"核心—边缘"结构，即核心地区由于快速工业化和城镇化，农业劳动力和农地资源减少，而边缘地区则出现农业要素禀赋提升的"逆工业化现象"。这一结论与理论推导结果相吻合。进而言之，四川省的"核心—边缘"结构是以快速城镇化的成都平原经济区为核心，以周边市州为边缘地区的。

（4）农业要素禀赋在各市州间分化比较明显。①农业劳动力要素禀赋呈现核心地区减少，周边地区上升态势。作为省域内的"核心地区"的成都平原经济区、未来可能成为第二增长极的川南经济区以及钒钛之都攀枝花市的农业劳动力要素禀赋持续下降，而川东经济区农业劳动力要素禀赋则向省域东部边缘的广安市和达州市地区集中，地处省域西部的三州地区农业劳动力要素禀赋均有大幅提高。②农业资本要素禀赋呈现核心地区上升，周边地区下降态势。尽管各市州农业资本深化程度都有大幅提高，但就农业资本要素禀赋空间分布来看，依托经济发展优势的"核心地区"成都平原经济区农业资本要素禀赋普遍上升，地处川东北的达州市、广安市，地处川东南的内江市、自贡市，地处川西的凉山州、阿坝州农业资本要素禀赋都有不同幅度的下降。③农业土地要素禀赋呈现核心地区减少，周边地区上升态势。农业土地要素禀赋与经济发展水平呈现较强的负相关关系，在经济"核心地区"成都平原经济区的各市州无一例外出现了不同程度的下降，而其他经济区大部分城市农业土地要素禀赋都在上升。一个值得关注的特点是，其他经济区农业土地要素禀赋下降的城市一般也是该经济区的中心城市，如川南经济区的宜宾市、攀西经济区的攀枝花市。

（5）用资本要素持续投入来推动农业经济增长越来越困难，但提高农业全要素生产率来实现增长还有很大的空间。尽管随机前沿分析表明农业资本投入产出弹性为 0.370，且在 1‰水平上显著，说明农业资本投入对农业产出有较大的正向影响，但对 2005—2017 年四川省农业"边际资本—产出比率"（Incremental Capital−Output Ratio，ICOR）的测算结果显示，由于四川省农林牧渔业投资迅速上升，而第一产业增加值的增长却显得缓慢，使得 ICOR 总体上不断升高。这说明在农业资本不断深化的过程中，农业资本的投资效率出现下降。不过农业全要素生产率测算结果显示，目前农业全要素生产率前沿主要在土地资源稀缺的市州，土地资源丰裕的市州的农业发展通过依靠农业全要素生产率来实现增长的潜力很大。

（6）四川省各市州之间的农业产出和农业要素禀赋在空间上没有相关性。各市州农业生产要素的空间流动性可能导致区域间农业生产表现出显著的空间效应。但通过刻画全域空间自相关性的指标——Moran's I、Geary's c 和 Getis & Ord's G 三种指数进行检验发现，以货币为衡量标准的各市州农业产出与各农业生产要素之间的变化并无空间关联性。就农业劳动力而言，四川省是劳务输出大省，基本不存在农业劳动力在省域内各市州的农村之间流动且务农的情况。就农业资本而言，由于农业投资主要依靠部门资本和工商业资本，即使农户投资也鲜有跨市州投资的情况，因此也不存在明显的相关性。就农业土地而言，作为区域性的生产要素，更不存在流动的可能性。而农业全要素生产率更多地具有非农部门的外部输入性，因而也没有显示出技术溢出。农业产出作为各类农业生产要素投入的因变量，自然也未能反映出省域空间相关性。

本书以测算结果为依据探讨了四川省农业要素禀赋结构的空间演化给乡村振兴战略带来的机遇和挑战，带来的四大发展矛盾，最终提出了促进四川省农业要素禀赋结构空间优化的体制机制和政策体系。

（1）转变政府职能，进一步从"生产型政府"向"服务型政府"转型。通过"简政放权"，减少对农业生产要素流入市场的干预，逐步实现从重生产轻分配的"生产型政府"回归"服务型政府"的角色定位。以城乡一体化发展为目标，着眼于"三农"问题，以引导为主，逐步完善社会服务供给体系，可以在农村金融体制机制、农村土地制度改革、城乡一体化建设等方面发力，建设资本要素市场制度，健全土地要素市场制度，完善劳动力要素市场制度。

（2）根据在生产销售不同环节的各市场主体的特性，有针对性地进行市场化培养。农产品市场运营的主体包括农产品的生产提供者、农产品的经销商和农产品的消费者。要培育好农产品市场主体，对生产者而言，应加强绿色农业理念培养，鼓励绿色农业生产；对经销商而言，应建立信息化平台，着力解决信息不对称问题，防止"劣币驱逐良币"现象发生；对消费者而言，则应鼓励绿色消费、健康消费理念。

（3）深入推进"三权分置"改革，扩大"三块地"改革试点，进一步完善土地产权制度以促进土地规模流转。一是坚持和完善适合国情的农村基本经营制度；二是规范市场流转机制，包括健全土地流转的市场机制以规避流转风险、加快建设土地流转中介服务体系以及建立土地流转长效保障机制。

（4）因城施策，推进以人口城镇化为核心的户籍制度改革。城镇化的主体和核心是人，在推进城镇化的过程中，应该降低农民对土地的天然依赖，让农民有更多的意愿和动力进城落户而没有后顾之忧。同时，不同的城市需要提出不同的战略，特大城市、大城市逐步放开落户的限制，对中等城市而言，则是要降低落户的实际门槛。

（5）农业农村优先发展机制的建立要事先建立约束机制。一是要规制资本下乡。建立规范的资本投入与运作监管机制，同时完善乡村治理体系，提升乡村治理能力，防止资本下乡可能带来的风险。二是要严格进行土地管制。要制定并完善城市土地、农村土地的规划、许可、流转等一系列的土地利用管制手段，同时提高土地利用规划的精细性及刚性，并增加管制工具的供给，主要是人口控制、替代支付、行政合同、综合管制、特许制度、区域间优惠和绝对控制。

参考文献

蔡昉. 经济增长方式转变与可持续性源泉 [J]. 宏观经济研究，2005（12）：
34−37+41.

蔡昉. 人口转变、人口红利与经济增长可持续性——兼论充分就业如何促进
经济增长 [J]. 人口研究，2004（3）：2−9.

冯维江. 保障国家粮食安全是一个永恒课题 [J]. 人民论坛，2019（32）：
20−21.

郝大江. 区域经济增长的空间回归——基于区域性要素禀赋的视角 [J]. 经
济评论，2009（2）：127−132.

何雄浪，胡运禄，杨林. 市场规模、要素禀赋与中国区域经济非均衡发展
[J]. 财贸研究，2013（1）：40−48.

何秀荣，冯开文. 比较农业经济学 [M]. 北京：中国农业大学出版
社，2010.

黄奇帆. 结构性改革 [M]. 北京：中信出版社，2020.

蒋和平，尧珏，蒋黎. 新时期我国粮食安全保障的发展思路与政策建议
[J]. 经济学家，2020（1）：110−118.

库姆斯，等. 经济地理学：区域和国家一体化 [M]. 安虎森，等译. 北京：
人民大学出版社，2011.

李含琳，李楠. 构建"农业三大体系"是实施乡村振兴战略的关键 [J]. 甘

肃农业，2018（2）：21-23.

林毅夫. 新结构经济学：反思经济发展与政策的理论框架［M］. 增订版. 北京：北京大学出版社，2014.

刘润秋，黄志兵. 实施乡村振兴战略的现实困境、政策误区及改革路径 ［J］. 农村经济，2018（6）：6-10.

刘润秋，李鸿，张尊帅. 工商资本投资农业的土地退出机制研究［J］. 贵州 财经大学学报，2018（1）：39-46.

刘云. 全面提升保障国家粮食安全的能力［N］. 经济日报，2020-04-02 （11）.

陆铭. 大国大城——当代中国的统一、发展与平衡［M］. 上海：上海人民 出版社，2016.

罗浩轩. 当代中国农业转型"四大争论"的梳理与评述［J］. 农业经济问 题，2018（5）：33-42.

罗浩轩. 内陆中心城市与周边城市经济发展的空间结构演化——以四川省为 例［J］. 开发研究，2021（1）：10-18.

罗浩轩. 农业要素禀赋结构、农业制度安排与农业工业化进程的理论逻辑探 析［J］. 农业经济问题，2021（3）：4-14+110.

罗浩轩. 要素禀赋结构变迁中的农业适度规模经营研究［J］. 西部论坛， 2016（5）：9-19.

罗浩轩. 中国农业增长类型转变了吗：基于1999—2016年31个省份的经验 数据［J］. 广东财经大学学报，2021，36（2）：102-112.

罗浩轩. 中国农业资本深化对农业经济影响的实证研究［J］. 农业经济问 题，2013（9）：4-14+110.

罗浩轩. 中国区域农业要素禀赋结构变迁的逻辑和趋势分析［J］. 中国农村 经济，2017（3）：46-59.

毛泽东. 毛泽东选集：第4卷［M］. 北京：人民出版社，1991.

全炯振. 中国农业的增长路径：1952—2008年［J］. 农业经济问题，2010 （9）：10-16.

任然. 新型经营主体培育视角下的农地政策研究［D］. 雅安：四川农业大

学，2017.

王兵，杨华，朱宁. 中国各省份农业效率和全要素生产率增长——基于
SBM 方向性距离函数的实证分析 [J]. 南方经济，2011 (10)：12-16.

王德文，何宇鹏. 城乡差距的本质、多面性与政策含义 [J]. 中国农村观
察，2005 (3)：25-37+80.

王国敏，罗浩轩. 中国农业劳动力从"内卷化"向"空心化"转换研究
[J]. 探索，2012 (2)：93-98.

王美艳. 农民工还能返回农业吗?——来自全国农产品成本收益调查数据的
分析 [J]. 中国农村观察，2011 (1)：20-30+96.

王胜华. 经济赶超、公共支出偏向与城乡公共服务差距 [J]. 广东财经大学
学报，2021 (1)：15-24+84.

王薇，马慧芳. 新型城镇化背景下变革农村土地流转的方式 [J]. 农业经
济，2019 (3)：91-93.

韦森. 探寻人类社会经济增长的内在机理与未来道路——评林毅夫教授的新
结构经济学理论框架 [J]. 经济学（季刊），2013，12 (3)：1051-1074.

魏金义，祁春节. 中国农业要素禀赋结构的时空异质性分析 [J]. 中国人口
·资源与环境，2015 (7)：97-104.

吴玉鸣. 中国区域农业生产要素的投入产出弹性测算——基于空间计量经济
模型的实证 [J]. 中国农村经济，2010 (6)：25-37+48.

习近平. 习近平谈治国理政（全三卷）[M]. 北京：外文出版社，2020.

夏胜. 资本深化、禀赋结构的农业生产效率影响研究 [D]. 杭州：浙江大
学，2018.

辛翔飞，刘晓昀. 要素禀赋及农业劳动生产率的地区差异 [J]. 世界经济文
汇，2007 (5)：1-18.

辛翔飞，秦富. 我国农业经济增长因素分析及地区差异比较 [J]. 新疆农垦
经济，2005 (12)：9-13.

徐朝阳，林毅夫. 发展战略与经济增长 [J]. 中国社会科学，2010 (3)：
94-108+222.

应瑞瑶，郑旭媛. 资源禀赋、要素替代与农业生产经营方式转型——以苏、

浙粮食生产为例 [J]. 农业经济问题，2013 (12)：15－24＋110.

游美佳，高晨光. 新医改下农村医疗卫生服务现状及对策 [J]. 传播力研究，2018 (2)：201－203.

曾福生，李飞. 农业基础设施对粮食生产的成本节约效应估算——基于似无相关回归方法 [J]. 中国农村经济，2015 (6)：4－12＋22.

张霞. 四川基本公共服务城乡差异测度、现实困境及破解路径 [J]. 中国西部，2020 (4)：56－68.

张元红. 改革以来乡村企业的增长：要素贡献与技术进步 [J]. 中国农村观察，1996 (4)：24－30＋66.

赵丙奇，李玉举. 30 个省市经济增长的资源禀赋状况研究 [J]. 财经科学，2006 (2)：99－106.

赵建欣，张忠根. 要素投入结构变化对中国农业增长影响的实证研究 [J]. 技术经济，2007 (7)：69－73＋128.

赵文，程杰. 中国农业全要素生产率的重新考察——对基础数据的修正和两种方法的比较 [J] 中国农村经济，2011 (10)：4－15＋35.

中共中央办公厅，国务院办公厅. 深化农村改革综合性实施方案 [Z]. 2015－11－02.

中共中央马克思恩格斯列宁斯大林著作编译局. 马克思恩格斯全集：第 33 卷 [M]. 2 版. 北京：人民出版社，2004.

周庆元. 构建新型农业经营体系的动力机制与协同路径 [J]. 内蒙古社会科学，2020 (3)：155－161.

周云波. 城市化、城乡差距以及全国居民总体收入差距的变动——收入差距倒 U 型假说的实证检验 [J]. 经济学（季刊），2009 (4)：173－199.

BATTESE G E, COELLI TJ. Frontier production functions, technical efficiency and panel data: with application to paddy farmers in India [J]. Journal of productivity analysis, 1992, 3 (1)：153－169.

ERGERMAN S L, SOKOLOFF K L, URCQUIOLA M, ACEMOGLU D. Factor endowments, inequality, and paths of development among new world economies [J]. Economía, 2002, 3 (1)：41－109.

GUSTAVSSON P, HANSSON P, LUNDBERG L. Technology, resource endowments and international competitiveness [J]. European economic review, 1999, 43 (8): 1501—1530.

HALL R, JONES C. Why do some countries produce so much more output than others [J]. Quarterly journal of economics, 114 (1), 1999: 83 —106.

HAYAMI Y, RUTTAN V W. Agricultural development in international perspective [M]. Beijing: China Social Sciences Press, 2000.

HICKS J R. The theory of wages [M]. London: Macmillan, 1932.

KRUGMAN P. Increasing returns and economic geography [J]. Journal of political economy, 1991, 99 (3): 483—499.

KUZNETS S. Economic growth and income inequality [J]. American economic review, 1955, 45 (1): 1—28.

LI X. Technology, factor endowments, and China's agricultural foreign trade: a neoclassical approach [J]. China agricultural economic review, 2013, 4 (1): 105—123.

LIN J Y. Hybrid rice innovation in China: a study of market-demand induced technological innovation in a centrally-planned economy [J]. The review of economics and statistics, 1992, 74 (1): 14—20.

SCHMIDT P, SICKLES R C. Production frontiers and panel data [J]. Journal of business and economic statistics, 1984 (2): 367—374.

后　记

　　岁月如梭，从笔者读研究生跟随导师王国敏教授从事"三农"问题研究开始至今已过去了十余年时光，十分怀念在四川大学读研究生期间含英咀华、品读经典的日子。这期间，在导师带领下，笔者有幸参与了多项国家社科基金重点项目、四川省哲学社会科学重大项目和其他级别项目。王老师几乎是手把手教我们这些弟子撰写论文、论证课题。四川大学的五年时光，让笔者在学术领域茁壮成长，也为后来的研究打下了牢固的基础。后来博士毕业入职成都理工大学，笔者仍然沿着导师开辟的道路，持续关注和研究"三农"问题。

　　经过多年努力，笔者的研究成果陆陆续续独立发表在《中国农村经济》《农业经济问题》等农业经济权威期刊上。这些论文有的被人大复印报刊资料全文转载，有的被《新华文摘》《高等学校文科学术文摘》等人文社会科学权威学术文摘做了论点摘编。让人意想不到的是，随着研究的展开，这些成果的论点论据渐渐构筑起了一套关于中国农业转型的分析框架。事实上，从第一篇发表在《农村经济》上的与王老师合写的《农业劳动力研究新视角：中国农业劳动力"空心化"理论与实证分析》论文开始，笔者就不经意把研究注意力转向农业转型问题；2011 年、2012 年与王老师合写的两篇论文均是探讨农业劳动力从"内卷化"向"空心化"转型的；2013 年在《农业经济问题》上独立发表的《中国农业资本深化对农业经济影响的实证研究》一文，实质是在研究中国农业资本从稀缺到深化的过程；后来完成的博士论文则涉及中国农村土地制度的转型。

在劳动力、资本、土地等农业生产要素均涉足以后，2016年笔者发表了《要素禀赋结构变迁中的农业适度规模经营研究》，第一次运用经济学模型探讨了要素禀赋结构变化对农业经营规模的影响，为后来进一步分析农业转型提供了学理性的分析基础。一个以经济现代化为动力，以农业要素禀赋结构变迁为基础，以农业生产经营方式转型为内容的"农业经济转型理论"呼之欲出。2017年，笔者第一次将这一尚未完全成型的理论用于分析经济新常态下中国农业经济遇到的冲击（发表在《上海经济研究》2017年第2期）。随后，笔者又在研究中将其与新经济地理学理论结合，实现了对中国区域农业要素禀赋结构变迁的理论和实证分析（发表在《中国农村经济》2017年第3期）。

这么多年围绕农业转型的研究，主要是以中国为研究对象的，大多涉及31省份（区、市）的分析，未曾对一个省域进行专门研究。本书是基于2017年发表在《中国农村经济》上的论文《中国区域农业要素禀赋结构变迁的逻辑和趋势分析》的延展，笔者尝试将该论文的分析框架用于对四川省农业要素禀赋结构空间变化的研究。实施乡村振兴战略是关系到全面建成社会主义现代化国家的全局性、历史性的总任务，也是新时代"三农"工作的总抓手。为了使研究具有前瞻性和现实性，无疑要将四川省农业要素禀赋结构空间变化置于乡村振兴战略框架下进行考量。

在本书写作过程中，笔者有幸到中国社会科学院农村发展研究所做访问学者，参与了地方政府、各类学会委托的决策咨询、规划编制和培训授课，极大地拓宽了研究视域，为本书部分内容和观点的写作提供了重要启发。本书是由笔者负责的2019年四川省软科学项目"我省乡村振兴规划在空间落实层面的改革与实施研究"（项目编号：2019JDR0217）研究报告补充和修改而来。在报告撰写期间，成都理工大学马克思主义学院研究生刘芮、何青青、刘苏丹、王涵映，以及本科生刘书博、唐琪瑶等在前期调研和部分章节的撰写上有贡献；安阳师范学院资源环境与旅游学院的于正松老师使用

ArcGIS 软件为报告制作了专题地图，并提出了写作建议。

本书能得以完稿，与笔者所在单位成都理工大学马克思主义学院、中国社会科学院农村发展研究所良好的科研环境相关，在此，谨向以上单位的领导、专家和朋友表示感谢！

成都理工大学　罗浩轩

2021 年 5 月于北京建国门内大街